KB051468

이야기가
꽃피는
교실 토론

이야기가 꽃피는 교실 토론

협력적 토론으로 행복한 교실을 만드는 이야기

강원토론교육연구회 글

단비
danbi

차례

협력적 토론을 위하여

이 책을 쓴 사람들은 〈강원토론교육연구회〉 소속 회원인 현직 초·중·고등학교 교사들입니다. 돌이켜보면 교사는 참 행복한 직업인 것 같습니다. 학생들과 함께 이야기를 나누고, 회의를 하고, 글을 쓴다는 것은 축복입니다.

교실에서, 학생들과 나눈 토론 교육의 생생한 기록이 아까워 모으다 보니 이렇게 한 권의 책으로 묶을 수 있게 되었습니다. 그러니 이 책은 저자들만의 창작물이 아니라, 함께했던 학생들의 땀이 녹아 있는 선물입니다.

저자들도 교사가 되기 전, 그리고 교사가 된 후로도 한참 동안 토론을 알거나 실천하지는 못했습니다. 대부분의 교사들은 교사 양성 과정에서 토론 교육을 접하기 어렵습니다. 교대, 사범대, 교직 이수 과정에 토론 교육이 개설되어 있지 않은 것은 물론 각 교과 교육에서도 깊이 있게 다루지 않기 때문입니다. 다행히 최근에는 많은 시도교육청의 교육연수원에서 토론 교육 연수를 개설하고 있습니다. 별도의 토론 교육 연수가 아니더라도 각각의 연수에 토론을 접목한 수업 방법을 소개하는 경우도 많습니다. 그만큼 오늘날 교육에서 토론을 필요로 하는 기회가 많기 때문입니다.

저자들도 '좋은 교육을 하고 싶다.'는 목마름으로 토론 교육을 찾았고, 아주 우연한 계기에 〈강원토론교육연구회〉를 결성하게 되었습니다. 지난 2013년 '토론 교육을 위한 교사 연수'와 각종 직무 연수를 통해 토론 교육에 관심이 있는 교사들이 함께할 수 있었습니다. 그리고 매월 연구 모임을 갖고 이론과 실천을 나누었습니다. 그렇게 하기를 몇 해, 이제는 우리가 쌓아 온 토론 교육 경험과 실천 사례를 다른 사람과 나누기 위해 직접 펜을 들었습니다.

저자들이 처음 만나 대화를 나눈 것은 토론 방법과 함께 교육 현실을 진단하고, 토론 교육이 나아갈 방향을 정리하는 것이었습니다. 왜 그토록 유익한 토론이 교실에서 이뤄지지 않는지 분석하는 것도 매우 유익했습니다. 교사들의 이야기를 들어 보면, 토론 교육의 가장 큰 걸림돌은 토론 교육 방법을 알지 못하는 것이었습니다. 교육 과정이 너무 자주 변하여 교과서에 수록된 토론 방법을 경험하지 못한 교사도 많았습니다. 더 나아가서 '방법을 알지 못하는 것'을 넘어 교실 학생들이 모두 참여하지 못하는 토론에 대한 의문을 갖는 교사도 있었습니다. 또한 토론을 하고 나면 교실 분위기가 너무 나빠진다는 비판을 하는 경우도 보았습니다.

현실을 진단하고 문제점을 찾고 나니 길이 보였습니다. 모두가 참여할 수 있는, 협력적인, 상대의 기분을 나쁘게 하지 않는 토론 교육부터 시작해야 한다는 데에 모두가 공감했습니다. 그리고 협력적 토론 교육으로 방향을 잡아 협력적 토론을 연구하기 시작한 지 2년이 넘었습니다. 이 책은 바로 지난 2년 동안 〈강원토론교육연구회〉가 걸어 온 기록입니다.

토론 교육의 흐름

강원도에는 양극단의 학교가 있습니다. 50개 학급이 넘는 대규모 학교와 전교생이 60명 미만이거나 6학급 미만인 학교가 있습니다. 30명이 넘는 과밀학급과 극소수의 학생이 공부하는 과소학급도 있습니다. 춘천, 원주, 강릉과 같은 도시에서는 과대학교가 발생하고 민통선 인근, 농산어촌에는 소규모 학교가 분포되어 있습니다. 이렇게 다른 환경에서 어떻게 토론 교육을 실천할 수 있을지가 〈강원토론교육연구회〉의 주요 관심사입니다.

협력적 교실 토론이 학생 수가 많은 학급에서도 실천할 수 있는 방법이라는 것은 분명합니다. 일단 재미있고, 우애롭게 공부를 하며, 학습자가 깊이 공부할 수 있습니다. 문제는 오히려 학생 수가 적을 때입니다. 예를 들어, 두 명의 학생이 한 교실에서 공부할 때 협력의 범위는 제한됩니다. 이런 경우에는 사용할 수 있는 토론 방법도 적습니다. 소규모 학교가 많은 강원도와 전라남도, 경상북도 등에서는 깊이 고민해 볼 문제입니다.

저자들은 초등학교에서 중학교, 그리고 고등학교까지 이어지는 자연스러운 교육 흐름을 만드는 것에도 주목하고 있습니다. 이 책에 소개한 사례는 초등과 중등이 함께 연구한 것입니다. 같은 토론 방법이어도 초등학교와 중·고등학교에서 접근하는 방법이 다르기 때문입니다. 초등학교는 호흡이 짧고 단순하지만 보다 협력적인 토론에 관심을 기울였습니다. 초등학교의 토론 교육 사례는 특히 도덕, 사회, 국어 교과서에 소개된 방법과 학급-학교 운영 사례를 담았습니다. 중·고등학교의 경우 교과 담임제에 따라 각 교과별로 실천한 사례를 심층적으로 소개했습니다. 박은주 교사는 강원도춘천교육지원청 영재교육원의 과학 영재와 함께 경험한, 조금 더 특색 있는 사례를 보고해 주었습니다.

이 책에 소개된 많은 사례를 타시도 선생님들께 소개한 적이 있었습니다. 토론에 관심 있는 선생님들께 여쭤 보니 대부분 찬반대립 토론 연수를 이수했다고 말씀하셨습니다. 협력적 교실 토론을 접한 선생님들은 혼란과 충격에 빠지셨습니다. 협력적 교실 토론이 기존에 알고 있던 토론과는 상당히 달랐기 때문입니다. 그러나 토론 방법을 교육과정, 교과서와 관련하여 설명하자 '이런 토론 교육이 필요했다.'고 갈채를 보내 주셨습니다. 이런 격려와 갈채가 책을 발간하는 데 큰 도움이 되었습니다.

토론 교육 사례는 학생과 학교 상황에 따라 얼마든지 달라질 수 있습니다. 독자 여러분은 초등학교와 중·고등학교의 실천 사례를 창조적으로 재구성하면 됩니다. 학교급에 따라 사용할 수 있는 토론 방법이 정해져 있지는 않습니다. 토론은 어디까지나 방법이기 때문에 실용적으로 활용하면 됩니다. 다만, 우리가 잊지 않아야 할 것은 '왜 토론을 하는가?'란 물음과 토론하는 정신입니다.

이 책의 구성

이 책은 교사에게 유용한 협력적 교실 토론을 소개하는 내용입니다. 아주 간단한 '세 단어로 말하기'부터 다소 복잡한 '모서리 토론', '발명 토론', '협상 토론'까지 다양한 내용을 다루고 있습니다. 초, 중, 고등학교의 교육과정 분석을 통해 실제 수업에서 협력적 교실 토론이 어떻게 적용되는지 이야기를 생생하게 전하고자 했습니다. 강원에서는 이런 협력적 교실 토론이 상당히 확산되어 있습니다. 〈강원토론교육연구회〉 소속 교사들은 협력적 교실 토론을 기초로 하여 다양한 쟁점 토론, 대집단 토론으로 나아가야 한다는 생각을 갖고 있기 때문입니다. 이에 따라 이 책도 가벼운 협력적 토론에서부터 보다 시간이 많이 필요한 토론으로 구성되어 있음을 말씀드립니다.

김대성 선생님은 5장 광고를 활용한 토론을, 6장 발명 시간에 토론하기는 박은주 선생님이 집필하였습니다. 7장 두 마음 토론으로 수다 떨기와 8장 만장일치 토론으로 진로 찾기는 김지영 선생님이, 9장 모둠별 글쓰기는 박선희 선생님이 수고하셨습니다. 10장 과학 시간에 토론하기는 과학교사모임에서 중요한 역할을 해 온 이용준 선생님이, 11장 모서리 토론은 문수정 선생님이 주로 쓰셨습니다. 황석범 선생님은 12장 독서 토론을, 박시연 선생님은 13장 협상 토론을 집필하셨습니다. 송연희 선생님은 14장 원탁 토론, 이은주 선생님은 16장 교실 토론으로 인권 친화 교실 만들기를 소개해 주었습니다. 모두 생생한 원고라 독자 여러분께 큰 도움이 되리라 생각합니다.

이야기가 꽃피는 교실을 꿈꾸며

협력적 교실 토론을 나누면서 가장 많이 들었던 이야기는 "이런 것도 토론인가요?"라는 물음이었습니다. 토론이라는 용어는 찬반대립 토론, 토의, 회의 등의 세부영역을 모두 포함하고 있다는 것에 주목해야 합니다. 사람들은 흔히 토론을 찬반대립 토론과 같게 생각하는 경향이 있습니다. 그래서 상당수 사람들이 '토론은 경쟁적이고, 대립하고, 분위기가 험악하다.'는 생각을 하는 편입니다. 저자들은 그런 일종의 편견을 깨고, 다른 방식의 토론도 가능함을 증명하고 싶었습니다.

많은 학생들이 같은 교실에서 공부를 합니다. 때론 찬성, 반대가 확연히 드러나는 찬반대립 토론이 필요하지만, 일상적으로 보았을 때는 협력하는 것이 더 많이 필요합니다. 또한 교실에서는 동시에 이뤄지는 학습이 중요합니다. 누구는 학습을 하는데 다른 사람들은 학습이 이뤄지지 않는 교실은 교사나 학생, 그리고 학부모를 곤혹스럽게 합니다.

문제는 아직도 교육과정을 재구성하지 않으면 토론 수업 실천이 쉽지 않은 현실입니다. 또한 시끄러운 교실을 부정적으로 평가하고, 교과서를 다 배우지 않으면 교사를 비난하는 태도도 바꿔야 할 문화입니다. 5지선다 평가나 눈에 보이는 평가만을 기대하는 것도 토론식 수업의 걸림돌입니다. 그러나 강원에서 그랬듯, 전국의 어떤 학교에서도 변화의 바람은 불 것입니다. 세월이 얼마나 걸릴 것이냐가 다를 뿐입니다.

저자들은 협력적 교실 토론을 '형식이 있는 수다'의 과정이라고 생각합니다. 이야기가 산으로 가는 수다가 아니라, 목표를 향해 나아가는 자유로운 이야기 공동체를 상상해 봅시다. 이런 행복한 교실에서는 웃음꽃과 수다가 피어날 겁니다. 그런 수다 속에서 배움이 일어나고, 상호 의사소통이 가능하다면 학교는 가고 싶은 곳으로 변하지 않을까요? '이야기가 꽃피는 교실 토론'은 학교와 교실이 그렇게 변하기를 바라는 소망을 담은 제목입니다.

이 책이 나오기까지 많은 분들의 도움이 있었습니다. 여러 학교의 학생들이 토론 교육 실천의 당사자이기에 가장 먼저 감사의 말씀을 드립니다. 저자로 직접 참여하지는 않았지만 함께 실천하고 노력했던 〈강원토론교육연구회〉 회원 선생님들의 조언과 격려가 있었습니다. 강원도교육청의 김을용, 김현희 장학사는 〈강원토론교육연구회〉가 성공적으로 정착하도록 지원해 주셨습니다. 홍천 학부모 토론 교육 기부단 〈토끼발〉은 협력적 교실 토론이 세밀해지도록 질문을 아끼지 않았습니다. 토론 교육 워크숍에 참석하여 다양한 실천 사례를 나누었던 강원 지역 여러 선생님들께도 감사의 인사를 드립니다.

마지막으로, 청소년을 위한 인문학 도서를 꾸준히 발간하고 계신 도서출판 단비의 김준연 대표께 고마운 마음을 전합니다. 협력적 토론 교육을 위해 선뜻 책을 출간해 주어 소중한 기회를 갖게 되었습니다.

아무쪼록 이 책이 협력적 교실 토론이 확산되는 계기가 되었으면

하는 바람입니다. 학교에서, 지역사회에서 더욱 행복하고 뜻깊은 교
육을 실천하겠다고 다짐해 봅니다. 감사합니다.

2015년 11월
저자를 대표하여 최고봉 씀

01

수다스런 교실 이야기

강원도 홍천읍 외곽에 자리 잡은 오안초등학교는 전교생이 73명인 작은 초등학교입니다. 전국적으로 보면 규모가 작아 소규모학교 통폐합으로 내몰릴지 모르는 학교지만, 홍천에서는 본교 기준으로 다섯 번째 큰 초등학교입니다. 서울-속초양양을 지나는 국도변에 자리 잡은 이 학교는 강원도에서 꽤 유명합니다. 협력적 토론이 생활화되어 있는 작지만 큰 학교이기 때문입니다. 학교 규칙을 개정하는 학생공청회를 학생회가 개최하거나 학급 규칙을 제·개정하는 회의를 열기도 합니다. 수학여행 장소도 학생들이 토론을 통해 후보지를 선정한 후 학부모와 학생이 최종 결정하는 것도 이색적입니다.

매주 2시간 있는 실과 시간은 오안초 6학년 학생들이 가장 좋아하는 시간입니다. 실과 시간의 절반은 토론으로 재구성하여 진행하기 때문입니다. 6학년 학생 14명은 보통 네 개의 모둠으로 나뉘어 활동을 합니다. 말이 토론이지, 실은 짝과 하는 수다이거나 모둠별 수다가 이어집니다. 그런데 이 수다를 통해 새로운 정보, 다양한 생각이 쏟아지고 합의가 이뤄집니다. 토론 주제에서 벗어나지만 않으면 누구도 이 수다를 막지 않습니다. 학생들은 다른 모둠에서 자신들과 다른 생각이 나왔을 때는 '왜 그렇게 생각했는지'를 묻습니다. 결과보다 이유를 중요하게 여기는 것이 오안초 협력적 토론의 방향입니다.

이 익숙하면서도 낯선 풍경은 '협력적 교실 토론'을 도입한 지 반년 정도가 된 모습입니다. 국어, 사회, 과학 등 여러 교과 시간에도 토론이 이어집니다. 6학년 정근원 학생은 "우리 학교는 토론이 많아서 좋아요."라며 "더 많은 시간 동안 토론을 했으면 좋겠다."고 이야기합니다. 그렇다고 오안초 학생들이 토론 영재이거나, 다른 학교 학생보다 토론 출발선이 앞에 있었던 것은 아닙니다. 오히려 자기 생각을 말로 표현하는 것을 두려워하는 소극적인 학생이 많았습니다. 더군다나 낯선 사람들 앞에서는 자신감을 잃고 자기 생각을 말로 표현하는 것을 어렵게 여겼습니다. 협력적 교실 토론 반년의 실험은 학생의 어떤 부분을 바꾼 것일까요? 이제 그 이야기를 시작해 보겠습니다.

정규 수업이 시작되기 전, 오안초 6학년 교실은 여느 교실처럼 시끄럽습니다. 어젯밤까지 전화와 소셜네트워크서비스(SNS)로 수다를 떤 친구들이지만 교실에서 만나면 그렇게 할 이야기가 많은가 봅니다. 누구나 알고 있듯, 어린이-청소년 시기는 생체에너지가 가장 활발한 때입니다. 그래서 가만히 앉아서 공부하라는 것이 큰 처벌이 되기도 합니다. 당연히 대부분의 교실은 수다스럽습니다. 수다는 어쩌면 인간의 본능인지도 모릅니다. 그러나 바로 이 시끄러움 속에서 배움이 이뤄지고 있다는 것을 교사들은 잘 알고 있습니다. 전통적인 근대 한국 학교와 교실은 침묵과 순종이 지배했습니다. 침묵과 순종을 강요하는 것은 진정한 의미의 공부, 배움이 아니라는 사실을 알고 있었지만, 여러 가지 조건이 진정한 배움을 가로막았습니다. 돌이켜 생각해 보며, 교실에서 너무 오랫동안 수다 대신 침묵과 순종을 요구했다는 반성을 합니다. 이제는 다른 배움, 다른 교육을 실천할 필요가 있지 않을까요? 수다스런 교실 이야기는 바로 그런 고민에서 출발했습니다.

사실 이 수다야말로 언어 발달과 정보교환에 있어 매우 중요한 과정입니다. 듣기·말하기는 굉장히 적극적인 방식의 의사 표현입니다. 반면 침묵은 소극적인 의미의 거부, 저항이 되기도 합니다. 그러니 수다스런 교실이 무조건 나쁜 것은 아닙니다. 에너지가 넘쳐난다는 의미이기도 합니다. 문제는 부정적인 의미의 수다가 넘쳐 날 경우 무의미한 시간이 될 수 있다는 것입니다. 더 나아가 상당수의 수다는 뒷담화이거나 욕설이라 오히려 인간관계를 악화시키기도 합니다. 그런데 학생들은 다른 사람의 이야기를, 중요한 정보를 잘 알아듣고는 있을까요? 오안초 6학년 안혜린 학생은 "처음에는 다른 사람이 어떤 이야기를 하는 것이 중요한 게 아니라, 내가 더 많이 말하는 것이 중요했다."며 "듣는 연습이 많이 필요했다."고 이야기합

▲ '우리 학교의 좋은 점'이라는 주제로 모둠별 토론을 하고 있는 오안초 학생들. 목록을 작성하는 방식의 모둠별 토론은 개인의 능력을 넘어 집단의 논의력을 높여 준다. 다양한 방식의 토론을 접해야 말문을 쉽게 열 수 있다.

▼ '우리 반 헌법' 개정을 위한 회의를 하고 있는 오안초 학생들. 회의는 토의, 토론과 더불어 토론의 3대 영역 중 하나이다. 적절한 근거를 제시하며 자신의 주장을 펼치는 회의는 토론에서 매우 중요한 경험이다. 회의에서는 다른 사람을 설득해야 하므로 관계도 중요하게 다룬다.

니다. 실제로 협력적 교실 토론에서 강조하는 것은 듣기입니다. 다른 사람의 이야기 속에서 반응해야 긍정적인 효과를 나타낼 수 있기 때문입니다. 다른 사람의 이야기를 귀담아 듣는 작은 변화 하나만으로도 협력적 교실 토론은 교실에서 자리를 잡아 나가고 있습니다.

초등학교 1학년 교실에 들어서면 공부를 하는 것인지, 놀고 있는지 알기 어려울 지경입니다. 저마다 자기 이야기를 펼치고 싶어 손을 번쩍 듭니다. 때론 그 수다로 인해 부모님이 감추고 싶은 비밀이 폭로되기도 합니다. 이 난감한 상황은 초등학교 3학년 정도부터 토의, 토론이라는 방법으로 정리가 되기 시작합니다. 교육과정에 따르면, 초등학교 4학년에서는 토의를, 5학년부터는 토론을 본격적으로 소개하고 있습니다. 초등학교 6학년 교과서에는 다양한 토론 방법이 담겨져 있습니다. 특히 2015년부터 적용된 새로운 교과서에는 토론 요소가 굉장히 많이 포함되어 있습니다. 중학교 3학년, 그리고 고등학교 교과서의 상당수도 토론을 전제로 하고 있습니다. 그럼 우리 교실은 조금 더 수다스럽게 변했을까요? 아쉽게도 현실은 그렇지 못합니다. 상당수 교사들은 토론이나 토론식 수업에 대해 두려움을 갖고 있습니다. 물론 그 두려움은 결코 교사들만의 잘못이라 말할 수는 없습니다. 교사 양성 과정이나 연수 과정, 지역사회 교육에서 토론을 접하기가 무척 어려웠습니다. 특히 여러 토론 방법 중 교사들이 가장 필요로 하는 협력적 교실 토론은 지금도 접하기가 쉽지 않습니다.

2014년 기준 학급당 학생 수 22.8명, 현재 우리 초등교육의 현실입니다. 중학교는 30.5명, 고등학교는 30.9명입니다. 물론 올해는 학급당 학생 수가 조금 더 낮아졌습니다. 그러나 전체적으로 보았을 때 초등학교는 20명 내외, 중·고등학교는 30명 내외의 학생이 한 교실에서 공부를 하고 있습니다. 이렇게 많은 학생들이 동시에 수다를 떤다면 어떤 일이 벌어질까요? 또 다른 상상을 해 봅시다. 그 많은 학생 모두가 침묵한다면, 우리 교실의 공부는 어떻게 흘러갈까요? 그래서 우리는 생각합니다. "이 수다를 자기 생각 표현, 한 단계 높은 지식의 교환, 자율적인 규칙 제시, 배움과 학습의 장으로 만든다면 얼마나 유용할까" 말입니다.

이런 고민 속에서 출발한 것이 바로 협력적 교실 토론이었습니다. 교육적으로 긍정적이고, 협력적이며, 관계를 개선하는 수다스런 교실을 만들자. 교실에서 함께 공부하는 모든 학생이 참여하는 토론, 이른바 '무임승차자'가 없는 토론, 싸우지 않는 토론이 바로 협력적 교실 토론의 출발선입니다. 개발된 목적 자체가 '대립적인 토론'과 다른 협력적 교실 토론은 교사들이 중심이 되어 발전한 토론 방법입니다. 사실 학생들과 함께 토론을 이야기하는 것은 굉장히 어렵습니다. 참가자가 제한되어 있고, 전문적 이해가 필요한 기존 토론 방법으로는 모든 학생의 참여를 이끌어 내기 힘들었습니다. 교사들은 토론에 익숙하지 않은 학생들도 참여하는 쉬운 토론 방법이 필요했습니다. 도서관, 지역사회 교육기관 등 관련기관의 독서 토론 진행자 등도 같은 고민을 갖고 있었습니다. 그래서 이러한 고민을 바탕으로 협력적 교실 토론이 등장합니다. 지금 생각해 보면 이 비현실적인 꿈이 협력적 교실 토론을 만들어 가는 상상력이었는지 모릅니다.

 그런데 협력적 교실 토론을 실천하는 데 있어 아주 큰 걸림돌이 있었습니다. 대부분의 선생님, 그리고 국민들처럼 학생들도 토론에 대해 오해하고 있었기 때문입니다. 가장 큰 오해는 '토론은 경쟁적'이라는 것입니다. 또 '토론은 어렵다.' 또는 '토론은 똑똑한 사람만 할 수 있다.'는 오해도 많았습니다. 물론 그동안 소개된 토론에 경쟁적 요소가 없는 것은 아닙니다. 그러나 모든 토론이 경쟁적인 것은 아닙니다. 특히 이 책의 주제인 협력적 교실 토론은 대부분 비경쟁 토론이거나 경쟁이 적은 편입니다. 텔레비전에 소개된 대부분의 토론, 전문가를 초청해서 이뤄지는 토론은 조금 어렵거나 이른바 '엘리트'만이 참여할 수 있는 것이 사실입니다. 그러나 생각을 바꾸어 협력적 교실 토론을 적용한다면 거의 누구라도 토론에 참여할 수 있습니다. 한두 번만 참여해 보면 원리를 금방 알 수 있을 정도로 쉽습니다. 오해를 벗고 조금만 노력을 기울인다면 대부분의 교사는 우애롭고 재미있으면서도 교육적인 토론을 안내할 수 있다고 우리는 생각합니다.

 언젠가 『토론의 전사』를 쓴 유동걸 교사(서울 영동일고)는 교실 토론에 대해 '오늘 배워 내일 쓸 수 있는 토론 방법'이라고 소개한 적이 있었습니다. 그만큼 교실 토론 방법이 배우고 적용하기 쉽다는 의미입니다. 물론 '원숙한 안내자'가 되기 위해서는 조금 더 시간이 필요합니다. 협력적 교실 토론 역시 토론 방법이나 과정, 발문 등 다양한 측면을 공부해야 하므로 연습이 필요할 수밖에 없습니다. 그렇다고 '아카데미식 찬반대립 토론'처럼 상당히 오랜 기간 동안 배워야 하는 것은 아닙니다.

　이 책에 수록한 모든 내용은 실제 초·중·고 교실 수업에서 적용했던 것입니다. 그러나 수록한 대부분의 토론 방법은 저자들이 새로 개발한 것이 아닙니다. 오히려 협동학습, 국어과 수업 방법, 사회과 수업 방법, 교육 연극 등 다양한 영역에서 이미 소개된 방법이 많습니다. 물론 짝 토론을 활용한 '빈 칸 채우기'와 같은 일부 방법은 저자들의 연구로 적용된 것입니다. 그렇다고 해서 이것을 아주 특별한 방법이라 보기는 어렵습니다. '수업에서 사용하던 전통적인 방법을 교실 토론의 원리에 맞게 적용한 것'이라 표현하는 것이 적절할 듯합니다. 공자님께서 말씀했듯, 하늘 아래 새로운 것은 없기 때문입니다. 우리는 기존의 교육 방법, 토론 방법 등을 협력적 교실 토론의 원리에 따라 정리하였습니다. 특히 교과서와 관련하여 교육과정 속에서 적용 가능한 방법 위주로 소개하였습니다. 이야기가 꽃피는 수다스런 교실을 떠올리며, 이 행복한 이야기를 나누고자 합니다.

02

교실 토론의 원리

    교실 토론은 '모두가 참여하는 협력적 토론'이라는 의미를 갖고 있습니다. 완전히 일치하지는 않지만 '비경쟁 토론'의 성격을 많이 갖고 있습니다. 교실 토론의 철학은 '▶모두가 학습에 참여해야 한다. ▶협력적인 학습이 적극적인 배움으로 이어진다. ▶특정한 교과와 언어 기능을 넘어 총체적인 학습이 필요하다.'는 것입니다. '배움의 공동체'가 전제하고 있는 부분과 상당 부분 일치합니다. 학습 원리에서는 협동학습의 원리를 공유하고 있습니다. 물론 교실 토론은 방법적인 접근이기 때문에 학급 운영의 원리와는 다를 수 있습니다. 예를 들어, 교실 토론에서는 꼭 4명을 한 모둠으로 설정하지는 않습니다. 왜냐하면 토론 형태에 따라 적절한 규모가 다를 수 있고, 교실 상황이 딱 그렇게 맞지는 않기 때문입니다.

　강의식 교육, 일제식 교육이 무조건 나쁜 것은 아닙니다. 실제로 인류 역사에서 일제식 수업이 등장한 것은 불과 200여 년 전입니다. 근대 학교교육은 일제식 교육 방법이 등장하면서 비로소 성립했다고 보아도 무방합니다. 많은 사람들이 효과적으로 지식을 전수받는 이 방법은 오늘날에도 널리 활용되고 있습니다. 그러나 어느 순간, 사람들은 '일제식 교육 방법만으로는 충분한 교육이 되지 않는다.'는 생각을 하게 되었습니다. 수업을 일방적 지식의 전달이 아니라, 창조적인 배움의 과정으로 이해하기 시작한 것입니다. 그래서 토론이 다시 주목받기 시작했습니다. 사실 토론은 새로운 교육 방법이 아니라, 전통적인 교육 방법에 가깝습니다. 유럽에서도, 동아시아에서도, 그리고 비교적 최근에 근대적인 국가를 수립한 미국에서도 토론은 이뤄졌습니다. 그런데 동아시아의 토론 역사는 근대화 과정에서 지워졌고, 서양의 토론 방법이 그 자리를 대신했습니다. 통틀어서 서양이라고 하지만 한국에 큰 영향을 끼친 것은 아무래도 미국입니다. 그런데 미국식 토론이 바로 대학 간의 토론 대회를 토대로 발전한 대회식 토론, '아카데미식 토론'이었습니다. 더불어 미국 민주주의 발전 과정에서 등장한 의원, 대통령 선거로 인해 생겨난 토론도 한 축을 이뤘습니다. 2000년대 초기에 한국 사교육계에 열풍을 불러일으킨 토론이 바로 미국식 전통을 계승한 '아카데미식 토론'이었습니다. 문제는 1:1, 2:2, 3:3 토론이 주축을 이루는 이런 대회 방식의 토론을 많은 학생이 공부하는 교실에 그대로 적용하기 어려웠다는 것입니다. 그래서 학교에서 토론 교육을 적용하고자 했던 사람들은 협동학습에 기반한 여러 가지 토론 방법을 개발하거나 도입하게 됩니다. 이것이 오늘날 '교실 토론' 또는 '협력적 토론 수업', '비경쟁 토론' 등 다양한 이름으로 교사들 사이에 소개되고 있습니다.

교실 토론이 구체적인 교육 방법이라면 '배움의 공동체' 같은 것은 철학, '협동학습'은 원리에 해당합니다. 교실 토론에도 원리가 있지만, 대강의 체계로 보면 그렇다는 것입니다. 철학이나 원리가 없는 방법은 '노른자 없는 달걀'일 수 있습니다. 그런데 방법이 없는 철학이나 원리는 '길이 표시되지 않은 지도'와 같습니다. 이론과 실천이 결합되어야 하듯, 모든 교육철학과 원리, 방법은 연결되어야 합니다. 철학과 원리, 구체적 방법까지 이어지는 일련의 과정이 있어야 교육을 혁신하고, 학교를 바꿀 수 있습니다.

교실 토론은 여러 가지 교육 방법, 수업 방법 중 하나입니다. 우리는 교실 토론이 교육적으로 굉장히 좋고, 학습에도 도움이 많이 된다고 믿습니다. 그렇다고 교실 토론이 최고의 교육 방법이라 말할 수는 없습니다. 그것은 교만이고, '우물 안 개구리' 같은 입장입니다. 수업 방법은 수업에 필요할 때, 적절하게 사용할 수 있으면 된다고 생각합니다. 바로 이런 관점에서 우리는 교실 토론도 '여러 방법 중 하나'라고 여깁니다. 다만, 교사가 교실 토론을 알아 두면 유용하고 협력적인 수업, 깊이가 있는 수업, 학생 스스로가 주체가 되는 수업을 일굴 수 있다고 생각합니다. 특히 모두가 참여하는 수업, 자기주도적인 수업, 듣기-말하기-읽기-쓰기가 융합된 수업에 매우 효과적입니다.

'토론은 말로 싸우는 것'이라고 생각하는 분이 굉장히 많습니다. 논쟁이 '논리적인 싸움'이기 때문에 생긴 오해라고 생각합니다. 또한 대립적인 토론을 보다 고등적인 방법이라 여기고 토의는 낮은 수준의 방법이라 여기는 우리 사회의 문화가 있었기 때문에 그런 오해가 있는 것은 아닌가 싶습니다. 우리는 토론의 가장 중요한 가치를 '다양한 의견을 제시하는 것'과 '민주적이고 합리적으로 합의하는 것'이라 생각합니다. 다양한 의견을 제시할 때 꼭 상대방의 감정을 건드리며 싸우듯이 할 필요는 없습니다. 합의 역시 그렇습니다. 이 두 가지 토론의 가치를 실현하기 위해 우리는 교실 토론이 필요하다고 봅니다. 다름을 인정하고, 그 속에서 최대한 민주적이고 합리적으로 합의해 나가는 정신이 교실 토론에는 녹아 있습니다. 그리고 토론의 가치를 실현하기 위해서는 듣기, 말하기, 읽기, 쓰기라는 방법의 통합이 필요합니다. 자신의 생각을 글로 정리한 후 토론할 수도 있고, 토론을 한 후 글로 마무리를 할 수도 있습니다. 물론 그 전에는 읽기, 조사, 정리 등의 과정이 필요합니다.

교실 토론에서 가장 어려운 것은 듣기입니다. 과거와 달리, 요즈음 학생들은 대체로 말하기를 잘하는 편입니다. 아마도 말하기에 너그러워진 사회 분위기, 허용적인 부모의 양육 태도에 영향을 받았기 때문인 것 같습니다. 더 나아가 말하기가 사회에서 중요한 능력이라는 사회적 인식이 있기 때문일 겁니다. 그런데 이렇게 말하기에 익숙한 세대인 요즈음 학생들이 다른 사람의 말을 듣는 것에 익숙하지 않다는 것을 아시나요? 다른 사람의 말을 주의 깊게 듣지 않는 것은 물론, 자신의 이야기를 더 많이 하기 위해 노력합니다.

▲ 오안초에서 '근거를 들어 국토개발의 방향 제시하기' 차시에 토론 수업을 실시 중이다. 최고봉 교사가 토론 결과를 발표하기에 앞서 발표 방법을 설명하고 있다.

▼ '국토개발의 방향 우선순위 정하기'를 주제로 만장일치 토론을 하고 있는 오안초 학생들. 수업 공개 시간이라 교사들도 참관하고 있다.

다른 사람의 말을 끊고, 다른 사람이 전하는 메시지에 귀를 기울이지 않으니 상호 의사소통이 쉽지 않습니다. 상대방의 의도를 간파하지 못하고, 어쩌면 외면하는데 의사소통이 어려운 것은 당연할 겁니다. 그래서 교실 토론은 상대방이 하는 말에 귀를 여는 것에서부터 시작합니다. 상대방이 전하려는 이야기에 귀를 기울이고, 공감해 주는 것이 바로 교실 토론의 시작입니다.

사실 말하기 그 자체는 외향적인 사람에게 유리한 표현 방법입니다. 반면 글쓰기는 내향적인 사람에게 유리한 표현 방법이지요. 내향적인 사람은 에너지가 자기 자신을 향해 있기 때문에 깊은 사유가 가능합니다. 직접적으로 다른 사람에게 말을 해야 하는 말하기보다는 조금 흐름이 느리지만 깊은 사유를 통해 표현하는 글쓰기가 더 적합합니다. 그런데 우리 교실에는 내향적인 사람, 외향적인 사람이 섞여 있습니다. 그래서 토론을 하면 내향적인 사람보다 외향적인 사람에게 유리하다고 생각할 수도 있습니다. 실제로 즉흥적인 토론을 하거나 처음 토론을 할 때는 그럴 가능성이 있습니다. 그러나 토론은 어느 한쪽 유형의 사람이 유리하거나 불리한 '단순한 말하기'가 아닙니다. 토론에 앞서 책과 보고서(논문), 신문을 읽고 자신의 생각을 정리해야 하고, 토론을 위한 글을 써야 할 수도 있습니다. 이 과정은 내향적인 사람들이 외향적인 사람보다 유리합니다. 토론의 전 과정을 살펴보면 내향적인 사람이 유리한 것도 있고, 외향적인 사람이 유리한 것도 있습니다. 그래서 어떤 특정한 성향의 사람이 유리하다기보다는 '토론을 위해 노력한 사람이 더 좋은 실력을 갖는다.'고 말하는 것이 진실에 더 가깝습니다. 노력하는 사람은 타고난 기질을 이겨 내기 마련이기 때문입니다.

교실 토론 중에는 가벼운 형식의 토론도 있고, 본격적인 토론도 있습니다. 인원이나 규모를 기준으로 1:1 토론(짝 토론), 모둠 토론, 대집단 토론 등으로 분류할 수도 있습니다. 가벼운 형식의 토론은 토론 교육 초반에 적합합니다. 앞으로 이 책에서 소개할 토론 방법 중 '세 단어로 말해요', '한 줄 글쓰기', '빈 칸 채우기' 등은 가벼운 형식의 토론입니다. '피라미드 토론', '만장일치 토론', '회전목마 토론', 'PMI 토론', '광고 만들기', '모서리 토론', '독서 토론', '협상 토론', '원탁 토론' 등은 본격적인 토론으로 분류할 수 있습니다. 가벼운 토론에서 본격적인 토론으로 나아가면 적응이 쉽지만, 어느 정도 토론에 대한 이해가 있다면 곧바로 본격적인 토론을 제시해도 괜찮습니다. 그렇다고 가벼운 토론이 효과가 적다는 의미는 아닙니다. 가벼운 토론을 잘 사용하면 짝, 모둠의 소속감이 높아지고 토론을 위한 준비가 잘될 수 있습니다.

이런 토론 방법은 정해진 과정 이외에도 안내자에 따라 다양한 방식으로 변형이 가능합니다. 토론에서 안내자는 토론 주제(논제)나 참가자의 규모를 고려하여 적절한 방법을 결정해야 합니다. 보통 교실 토론의 안내자는 교사 또는 학생인 만큼 토론 방법이 너무 어렵지 않게 설계되어 있습니다. 그러니 누구나 어느 정도의 연수를 받거나 스스로 공부한다면 훌륭한 교실 토론 안내자가 될 수 있습니다. 다만 보다 안정감 있게 토론을 운영하고, 순발력을 발휘하려면 경험이 필요합니다.

교실 토론을 제대로 이해하기 위해서는 토의와 토론에 대해서도 언급할 필요가 있습니다. 영어로 디스커션discussion이라 표현하는 토의는 '여러 가지 의견을 합의해 나가는 과정'으로 볼 수 있습니다. 토론의 대명사로 불리는 디베이트debate는 '찬반이 분명한 주제로 하는 토론'입니다. 우리나라에서는 토론이 토의를 포괄하는 개념이라 '토의토론' 또는 '토론'이라 불립니다. 현재 초등학교 교육과정에서는 4학년 국어 교과에서 토의를, 5학년에서는 토론을 다루고 있습니다. 과거에 우리는 이것을 '토의보다 토론이 더 중요하다.'고 판단했습니다. 그러나 사실은 '바람직한 토론을 위해서는 토의를 잘해야 하기 때문'이라 보는 것이 더 정확할 것입니다. 엄밀하게 검토하면 토의가 토론보다 더 넓다고 할 수 있습니다. 물론 경쟁적이라는 이유로 대립 토론을 무조건 부정적으로 볼 필요는 없습니다. 경쟁적인 토론, 대립 토론이라도 결국 사회에 다 필요한 측면이 있기 때문입니다. 다만, 교육적 입장이라면 우리는 토의에 보다 많은 관심을 가져야 합니다. 토의는 다양한 입장의 조정, 합의라는 측면에 보다 부합합니다. 교실 토론의 많은 방법이 토의 형식을 갖는 것도 이런 이유 때문입니다.

그런데 우리는 종종 아카데미식 토론을 먼저 접한 굉장히 경쟁적, 공격적인 학생을 만날 때가 있습니다. 아마도 토론에서 이기기 위해 노력하다 보니 그런 모습을 나타내는 것 같습니다. 그런데 이런 공격적인 모습이 상대편 토론자나 토론을 지켜보는 다른 사람(청중)에게 부정적으로 보일 가능성이 있습니다. 토론은 사람의 마음을 움직이는 것인데, 그런 공격적인 모습으로는 사람의 마음을 움직이거나 공감을 이끌어 내지 못할 가능성이 높다는 의미입니다.

그래서 우리는 학생의 경우, 대립적인 토론보다는 교실 토론을 먼저 접하는 것이 바람직하다고 봅니다. 기왕이면 교실 토론에 익숙해지고, 토론을 위한 바람직한 자세가 형성되었을 때 '아카데미식 토론'을 접한다면 토론 문화가 조금은 달라지지 않을까요?

  협력적 교실 토론을 강조하는 사람들이 강조하는 점이 바로 '동시성의 원리'입니다. 이 점에서 협력적 교실 토론이 협동학습과 만납니다. '동시성의 원리'란 일부 학생만 교육에 참여하는 것이 아니라, 공부하는 공간에 있는 모든 학습자가 교육에 참여해야 한다는 것을 의미합니다. 학생 한 명이 발표할 때, 다른 대부분의 사람들이 듣고만 있는 전통적인 학습 장면은 '동시에 이뤄지는 학습'이 아닙니다. '하브루타'라는 유대인의 토론 방법이 한국 사회를 강타했던 것은 '말로 하는 학습'이라는 측면과 함께 '동시에 이뤄지는 교육'이라는 부분 때문이었습니다. 협동학습 역시 '협력적인 교육 문화'와 함께 '동시에 이뤄지는 교육'에 주목합니다. 모둠 학습을 기초로 하는 이러한 구조는 더 많은 학생들에게 '학생 중심의 배움'이 일어날 기회를 제공합니다. 협력적 교실 토론이 지향하는 것은 바로 '동시에 이뤄지는 교육, 소외 없는 배움, 학습자 중심의 토론 교육, 협력적 원리'입니다. 그리고 '동시에 이뤄지는 교육'은 협동학습의 원리에 기초하고 있다고 확신합니다.

03

교실에서 말문 열기

    상쾌한 공기가 가득한 이른 아침, 대부분의 교실은 조금 시끄럽습니다. 어제 헤어졌다 다시 만난 학생들은 헤어진 몇 시간 동안 벌어진 일에 대해 이야기를 나눕니다. "집에 다녀오겠습니다."라는 말이 유행할 정도로 학교에 머무르는 시간이 많은 학생들조차, 이 짧은 시간의 헤어짐이 아쉬운 경우가 많습니다. 그리고 그 아쉬움은 재잘거리는 수다로 드러납니다. 이럴 때 보면 '어쩌면 수다는 인간의 본성일지도 모른다.'는 생각이 들기도 합니다. 그런 수다는 보통 담임교사가 나타날 때까지 이어집니다. 실제로 자연스러운 수다는 그리 어렵지 않습니다. 그런데 공식적 말하기라면 이야기가 달라집니다. 대부분의 사람들은 공식적 말하기를 굉장히 어렵고 부담스러워합니다. 심지어 학교에는 수업 시간에 발표하는 것조차 힘겨워하는 경우가 많습니다. 공식적 말하기와 비공식적 말하기의 이 극명한 간극은 무엇 때문에 벌어질까요?

초등학교 5~6학년 미술 첫 단원, 오안초에서 사용하는 비상교육 미술 교과서(박은덕 외) 첫 차시는 '교실의 새로운 발견'이라는 제목이 붙어 있습니다. 이 차시는 자신의 특징을 파악하여 자화상을 그리거나, 친구의 캐리커처를 그리는 내용입니다.* 교과서에는 자화상이나 친구의 캐리커처를 그리기에 앞서 친구나 자신의 특징을 여러 사람 앞에서 소개하는 활동이 나옵니다. 자화상이나 캐리커처 그리기는 사람의 특징을 찾아 그리는 것이 효과적이기 때문입니다. 소개할 특징은 체형이나 외모같이 눈에 드러나는 것도 좋고, 내면의 특징도 좋습니다. 우리 조상들은 인품까지 묻어나는 자화상, 초상화를 그렸으니 말입니다. 그런데 다른 사람의 특징을 잘 찾는 학생들도 의외로 자신의 특징을 소개하는 것은 어려워합니다. 자신에 대해 깊이 생각해 본 적이 없기 때문이거나 자신의 특징을 몇 가지로 소개하려니 선택하기 어렵기 때문인 경우가 많습니다.

교실 토론에는 자기 자신을 소개하는 방법으로 '세 단어로 말하기'가 있습니다. 이 방법은 다른 사람의 이야기를 잘 듣도록 '귀를 여는 훈련'을 하는 것에 초점이 맞춰져 있습니다. 그래서 본인이 본인을 소개하는 것이 아니라, 짝을 소개하는 활동으로 이뤄집니다.

---

* 현재 교과서는 학년, 학기, 학년군으로 개발되어 있다. 초등학교 도덕, 실과, 영어 교과서는 1년 동안 사용하고 국어, 사회 등의 교과서는 학기별로 사용한다. 음악, 미술 교과서는 학년군으로 개발되어 2년간 사용한다.

먼저 'A'는 'B'에게 자신을 소개하고, 'B'는 'A'에게 스스로를 소개합니다. 자신의 특징을 옆 사람에게 세 단어로 소개하면, 소개를 들은 사람은 들은 내용을 간단히 기록을 합니다. 그리고 기록한 내용을 바탕으로 여러 사람 앞에서 '옆 사람'을 소개해야 합니다. 물론 '나'도 옆 사람을 같은 방법으로 소개를 해야 합니다.

'세 단어로 말하기'는 새로운 학년이 시작될 때, 낯선 사람과 함께 활동을 할 때 라포rapport를 형성하기 위해 사용합니다. 그러나 매년 같은 학생들이 학급을 구성하는 소규모 학교에서도 충분히 활용할 수 있습니다. 매년 만나기 때문에 잘 안다고 생각하는 사람들도 의외로 상대방을 잘 알지 못하는 경우가 많기 때문에 이 방법이 효과가 좋습니다. 또한 '세 단어로 말하기'는 쉽고 재미있는 활동이고, 짝과 함께하는 부담 없는 활동이므로 다양하게 적용할 수 있습니다.

그럼 어떻게 하면 잘 들을 수 있을까요? 그 비밀은 바로 '적자생존'에 있습니다. 여기서 말하는 적자생존은 다윈의 자연도태설에서 이야기하는 적자생존이 아니라, '적어야(기록해야) 산다'는 의미의 말장난입니다. 즉, 다른 사람의 이야기를 듣고 중요한 내용을 간단히 기록하는 습관이 필요하다는 것이죠. 사람의 기억력은 한계가 있고, 때로는 나 자신조차 속이므로 그 순간 기록하는 것이 필요합니다.

오안초등학교 6학년(2015년 기준) 학생들의 '세 단어로 말하기' 활동을 한 번 예로 들어 보겠습니다. 이 활동은 학년 초에 서먹한 짝끼리 소개를 하는 활동으로 이뤄졌습니다. 최지연 학생은 '네 식구

▲ '세 단어로 말하기' 활동 중인 오안초 학생들. 한 학생은 "몇 해 동안 같은 반에서 공부를 해도 서로의 관심사에 대해 잘 모르는 부분도 많았는데, 이 활동을 통해 친구를 조금 더 알게 되었다."고 소감을 밝혔다.

▼ 월 1회 열리는 다모임(학생 총회) 시간에 학교 행사를 기획하고 있는 오안초 학생들. 오안초에서는 학생들이 회의와 토론을 통해 학교 운영에 참여한다.

중 한 명', '피아노', '옥수수'로 자신을 소개했습니다. 권세준 학생은 '하오안리', '사과', '쌍둥이'를 세 단어로 선택했습니다. 지연이의 짝은 친구 최지연에 대해 "제 친구 최지연을 소개하겠습니다. 지연이를 설명하는 세 단어는 네 식구 중 한 명, 피아노, 옥수수입니다."라고 소개했습니다. 그리고 앞서 말한 세 단어로 설명한 이유를 소개했습니다. "'네 식구 중 한 명'은 부모님, 언니 등 가족이 네 명이기 때문이었고, 피아노는 좋아하는 악기이기 때문입니다. 옥수수는 지연이가 가장 좋아하는 곡식이라고 합니다."라고 말입니다.

세준이의 짝 역시 같은 방식으로 세준이를 하오안리, 사과, 쌍둥이라고 소개했습니다. "왜냐하면 하오안리는 하오안리에 살기 때문이고, 사과는 좋아하는 과일이기 때문입니다. 쌍둥이는 세준이가 세현이와 일란성 쌍둥이이기 때문입니다."라고 말했습니다.

앞에 나와 서로를 소개하려면 경청을 하면서 이야기를 잘 기록해야 합니다. 모든 토론이 그렇습니다. 자신의 이야기는 물론, 다른 사람의 이야기를 잘 듣지 않으면 토론은 일방적이 됩니다. 그런 토론은 토론으로써의 가치가 없습니다. 그래서 경청은 토론에서 지켜야 할 최초의 규칙이자, 최후의 규칙이 아닐까 싶습니다.

초등학교 고학년과 중·고등학교에서는 '세 단어로 말하기'와 함께 '공통점 찾기'를 활용할 수 있습니다. '공통점 찾기'는 '세 단어로 말하기'를 모둠에서 활용할 때 적용하는 방법입니다. 협동학습을 적용하는 선생님이나 모둠 활동을 강조하는 선생님은 모둠을 기본 활동 단위로 만드는 경우가 많습니다. 이런 모둠은 보통 4~6주 정도 활동을 하고 새로운 모둠으로 구성하는 경우가 많습니다. 새로운 모둠을 구성했을 때 모둠 구성원끼리 관계를 개선하고, 에너지를 높이려 할 수 있습니다. 이럴 때 '공통점 찾기' 활동을 하면 관계 개선과 말문 열기를 기대할 수 있습니다.

'공통점 찾기'는 모둠 구성원의 공통점을 10~15가지 정도 찾게 하는 간단한 활동입니다. 보통 모둠 구성원은 눈에 보이는 공통점을 찾기 시작하다가 눈에 확연히 드러나는 공통점이 사라지면 대화를 하기 시작합니다. 예를 들어 '우리 모두 여성(남성)이다.', '반팔 티셔츠를 입고 있다.', '모두 안경을 쓰고 있다.' 등과 같은 눈에 보이는 공통점을 찾는 겁니다. 그러나 이런 눈에 드러나는 공통점은 몇 개 없을 수밖에 없습니다. 그래서 곧 다른 공통점을 찾기 위해 대화를 하기 시작합니다. '아침은 먹었냐', '취미가 뭐냐', '혹시 영화 좋아하느냐', '동생(언니, 오빠, 형)이 있느냐', '고향은 어디냐' 등이 공통점 찾기를 위해 묻는 보편적인 질문입니다. 이런 질문과 대화를 통해 모둠의 공통점이 드러나기 시작합니다.

사회자가 '공통점 찾기'에서 모둠에 요구하는 공통점 개수가 10가지 이상이어야 하는 이유는 분명합니다. 찾을 공통점이 너무 적으면 토론자들이 눈에 보이는 공통점을 찾다가 활동이 끝나기 때문입니다. 그럼 사회자가 요구하는 '의미 있는 대화'가 잘 일어나지 못합니다. 반면 찾아야 할 공통점이 15가지가 넘어가면 소요되는 시간이 너무 길어집니다. 경험적으로 보았을 때, '공통점 찾기'는 발표까지 포함해 총 20분 이내에 마무리하는 것이 좋습니다. 활발하게 공통점을 찾을 수 있고, 수업 흐름상 적절한 활동 시간을 고려했을 때 적절한 공통점 개수는 10~15개라고 봅니다. 그러나 집단의 친밀도가 상당히 높은 편이라면 찾을 공통점 개수를 15개 이상 제시해도 무난합니다.

이런 활동을 거쳐도 조금 깊은 토론으로 들어가면 말을 하는 것을 두려워하는 학생들이 많습니다. 보통 말로 하는 학습은 외향적인 학생들이 적극적입니다. 그런데 학습자 모두가 외향적인 성향을 가질 수는 없습니다. 어떤 학생들은 자기를 공개하는 것을 꺼리고, 발표하는 상황을 피하려고 합니다. 이런 상황에서 토론 활동이 쉽게 이뤄질 리 없습니다. 그래서 교사는 토론 교육으로 가기 위한 과정에서 차근차근 단계를 밟을 필요가 있습니다.

토론 교육 경험자들은 곧바로 아카데미식 토론으로 들어가기보다 다양한 교실 토론을 먼저 적용할 것을 제안합니다. 실제로 교육과정도 그렇게 구성되어 있습니다. 초등학교 4, 5학년 교과서는 여러 가지 협력적인 토론-교실 토론-을 소개하고 있습니다. 교과서에 수록된 토론 방법 중에서 말문 열기를 위해 처음 적용하면 좋을 방법으로 '신호등 토론'을 꼽을 수 있습니다.* '신호등 토론'은 신호등처럼 초록, 주황, 빨강 등 세 가지 색깔의 종이 카드를 사용하여 의사를 표현한 후 인터뷰를 통해 토론이 이뤄지기 때문에 붙은 이름입니다. 초록색 카드는 '찬성'(긍정), 빨강은 '반대'(부정)이고 주황은 '보류'(중립, 잘 모름)를 의미합니다.

세 가지 색깔의 종이 카드를 통해 토론을 하는 신호등 토론은 초

---

* 최고봉 교사는 "하루에 세 마디 정도밖에 하지 않는 학생도 만나 봤어요."라고 회고했다. 그리고 그 학생도 신호등 토론에서 색깔 카드로 의사를 표현하는 활동은 잘 참여했다고 밝힌다.

등학교 5학년 도덕 교과서에서도 소개되어 있습니다. 초등학교 5학년 도덕 교과서 24쪽에서는 '아름다움'에 대해 여러 가지 질문을 던지고 있습니다. '아름다움은 영원할까요?', '아름답지 않은 것도 가치가 있을까요?', '외모에 신경을 쓰는 것은 옳지 않은 일일까요?', '많은 사람들이 아름답다고 하면 아름다운 것일까요?' 그리고 '모든 사람들이 아름답다고 생각하는 것이 있을까요?'라고 말이죠. 학생들은 이러한 질문에 대해 자신의 생각을 말하면서 자연스럽게 토론의 세계로 진입합니다. 이 과정에서 필요한 것이 바로 자연스러운 인터뷰입니다. 토론 사회자인 교사는 자연스러운 인터뷰를 통해 학생의 말문을 이끌어야 합니다. '신호등 토론'은 썩 재미있다고 할 수는 없지만 교실에서 말문 열기에는 굉장히 유용합니다. 처음 토론을 접하는 사람이라면 '신호등 토론'을 통해 토론에 가까워질 수 있습니다. 토론을 위한 준비물도 별로 없습니다. 그저 세 가지 색깔의 카드만 있으면 할 수 있는 활동이기 때문입니다.

'세 단어로 말하기', '공통점 찾기', 그리고 '신호등 토론'을 성공적으로 실시했다면 이제 이 교실은 토론으로 가는 말문을 열었을 겁니다. 그렇다면 이제 협력적 토론, 교실 토론으로 가기 위한 준비가 되었습니다. 이제 본격적으로 '다양한 입장을 합의하는 능력'을 키워 갈 교실 토론을 만나 봅시다.

04

수학여행 장소 정하기
: 피라미드 토론

학생들이 학교를 다니며 가장 기다리는 행사는 무엇일까요? 학예회나 학교 축제, 운동회(체육대회), 현장체험학습, 야영활동 등 저마다 좋아하는 행사가 있을 겁니다. 그래도 학생들이 가장 기대하는 행사는 아마도 수학여행이 아닐까 싶습니다. 집을 떠나 2박 3일, 3박 4일 정도를 친구들과 보내는 수학여행은 상상만으로도 행복합니다.*

---

* 수학여행을 이야기하며 2014년 발생한 세월호 침몰이라는 비극적 사건을 떠올리지 않을 수 없다. 서로를 격려하며 죽음까지 함께했던 안산 단원고 학생과 일반인 희생자들, 끝까지 제자를 포기하지 않고 노력했던 교사들을 추모한다. 더불어 살아남은 사람들의 몸과 마음이 회복되어 행복하게 살아가기를 희망한다.

대부분의 학교는 매년 4~11월에 수학여행을 떠납니다. 전국의 초, 중, 고등학교는 너무 춥거나 너무 뜨거운 시기를 피해 역사나 문화 예술 관련 여행이나 다양한 공동체 경험이 가능한 곳으로 향합니다. 요즈음 수학여행을 보면 예전과 문화가 달라지기도 했습니다. 과거에는 경주, 설악산, 서울 등이 대표적인 수학여행 장소였다면 요즈음에는 매우 다양한 곳을 찾는 편입니다. 규모면에서는 대규모 수학여행을 자제하며 100명 이하의 소규모 테마 여행을 떠나는 것이 일반적입니다. 한 학교에서도 여러 지역으로 나눠 수학여행을 떠나기도 하는 셈입니다. 수도권이나 광역시 학교와 달리 강원이나 전남, 전북, 경북, 충남과 충북 등은 작은 규모의 학교가 많아 전교생이 떠나도 '소규모 테마 여행'이 되는 경우도 많습니다.

그렇다면 요즈음 학교는 수학여행 장소를 어떻게 결정할까요? 결론부터 말씀드리자면 최종 결정은 학생과 학부모의 의견을 반영해야 합니다. 수학여행 비용의 상당부분을 부담하는 학생과 학부모의 의견이 반영되어야 논란이 없기 때문입니다. 실제로 대부분의 학교는 학교 측이 정한 몇 개의 후보지 중에서 학생과 학부모의 의견에 따라 수학여행 장소를 결정합니다. 하지만 수학여행 후보지부터 학생과 학부모가 결정하는 경우는 많지 않습니다. 실무적인 부분에서 숙박 장소나 교통편 등 여러 가지 어려움이 있기 때문입니다.

그런데 바로 여기 수학여행 후보지부터 학생들이 결정하는 학교가 있습니다. 바로 강원도 홍천읍 외곽에 자리 잡은 오안초등학교입니다.

오안초 4~6학년 학생들은 3월 첫째 주에 도서관에 모여 앉았습니다. 오안초등학교는 2015년 6월에 4~6학년 학생 36명이 수학여행을 떠날 예정입니다.* 보통 학교에서는 자체적으로 의견 수렴을 하여 결정한 몇 개의 후보지 중에서 학부모와 학생이 가정통신문 아래에 있는 공간에 투표를 하여 수학여행 장소를 결정합니다. 그런데 홍천 오안초등학교는 올해 다른 방식으로 수학여행 장소를 결정하기로 했습니다. 후보지 선정 단계부터 학생들이 직접 토론을 통해 결정하기로 한 겁니다. 이때 적용한 토론 방법이 바로 합리적 의사결정을 위한 '피라미드 토론'입니다.

지난 2015년 3월 초, 4~6학년 학생 36명과 학급 담임교사가 학교 도서관인 오안글샘터에 모였습니다. 40여 명이 한자리에 모인 이유는 올해 수학여행 후보지를 결정하기 위해서였습니다. 이 자리에서 수학여행 담당 교사는 '수학여행 기본 계획'에 대해 먼저 설명했습니다. '수학여행 기본 계획' 설명 시간에는 수학여행 시기, 후보지역 선정 방법, 추진 일정, 예산을 소개했습니다. 다행히 오안초는 2015년 예산을 편성하면서 수학여행 경비를 학교 예산으로 편성하여 학생들이 부담하는 비용은 없습니다. 오안초 교직원은 '교육과정의 일환으로 수학여행을 떠나므로 학교가 경비를 부담할 수 있다면 가급적 예산을 편성해야 한다.'는 생각을 했기 때문입니다.

'수학여행 기본 계획'에 대한 안내가 이뤄진 다음에는 이날 사용한 토론 방법에 대한 안내가 있었습니다. 수학여행 계획이나 토론

---

* 아쉽게도 오안초 4~6학년 학생들은 중동호흡기증후군(MERS) 유행으로 인해 2015년 6월에 수학여행을 떠나지 못했다. 오안초 학생들은 계획을 다시 수립하여 2015년 11월에 파주-서울-용인으로 향하는 수학여행을 다녀왔다.

방법에 대해 잘 알고 있는 학생들도 있지만, 조금 낯선 학생들도 있으니 말입니다. '수학여행 기본 계획'에 대한 설명을 15분 만에 끝내고 학생들은 곧바로 토론을 통해 후보지 선정에 들어갔습니다. 학생들은 먼저 종이 네 장을 받습니다. 종이 한 장에는 하나의 수학여행 지역을 쓰게 됩니다. 즉, 학생들은 각자 자기가 가고 싶은 지역 네 곳을 쓰는 겁니다. 여기까지는 각자가 하는 활동으로, 다른 학생들과 함께하는 활동이 이뤄지지는 않습니다.

토론은 짝과 함께 활동을 하면서부터 이뤄집니다. 두 명이 토론을 통해 8개의 지역 중 4개 지역을 고르는 것이죠. 방식은 간단합니다. 한 명이 자신이 쓴 4개 지역을 소개하고, 그 이유를 밝힙니다. 그럼 다른 한 명이 같은 방법으로 자신이 쓴 4개 지역을 소개하고, 그 이유를 설명합니다. 두 사람은 선택한 넉 장의 종이는 갖고, 나머지 포기한 넉 장의 종이는 사회자에게 넘깁니다. '1:1 토론'이 끝나면 '2:2 토론', '4:4 토론'으로 이어집니다. 이때도 넉 장의 종이를 선택하고, 넉 장의 종이는 포기합니다. 피라미드 토론을 할 때 최대 규모는 8명을 넘어가지 않게 조정해야 합니다. 8명이 넘어가면 토론 시간이 길어지고 토론에 참여하지 않는 사람이 나오기 때문입니다. 토론에 참여하지 않고 방관하는 사람이 나오지 않도록 하기 위해 꼭 지켜야 할 규칙입니다.

이런 식으로 마지막 네 모둠이 남았을 때 토론한 결과를 발표했습니다. 각 모둠이 발표한 지역 중 중복되는 곳을 빼고 나니 학생들이 수학여행을 가고 싶은 곳은 총 9개 지역이었습니다. 이날 학생들이 선택한 수학여행 후보지는 서울, 용인(한국민속촌, 에버랜드), 파주,

▲ 수학여행 장소 후보를 정하기 위해 '피라미드 토론'을 실시하고 있는 오안초 학생들. 피라미드 토론 중 '1:1 토론'을 하는 장면이다.

▼ 수학여행 후보지를 정하기 위해 스티커 투표를 하고 있다. 학생들은 충분한 시간을 갖고 토론을 한 후 후보지를 스스로 결정한다.

속초, 태백, 전주, 경주, 양평 등이었습니다. 그러나 아홉 개나 되는 지역을 모두 담아 안내장을 보낼 수는 없기 때문에 후보지를 4개로 줄이기로 했습니다. 그래서 마지막 순서로 학생들이 스티커를 각자 3장씩 갖고 투표를 했습니다. 물론 장소 한 곳당 스티커는 1장만 붙이기로 약속을 했습니다. 이렇게 투표한 결과, 올해 오안초 수학여행 후보지로 서울, 용인, 전주, 경주 등 4개 지역이 선정되었습니다. 오안초는 안내장에 네 지역을 담아 '학생과 학부모가 합의하여 희망하는 수학여행 장소를 투표해 달라.'고 요청했습니다.

안내장을 통한 최종 수학여행 장소 투표에서는 용인이 1위, 서울이 2위로 나타났습니다. 그래서 오안초는 용인과 서울을 연계한 수학여행 일정을 추진했습니다. 4~6학년 교사들은 안전한 수학여행을 위해 사전 답사도 가고, 보고서도 썼습니다. 그리고 구체적인 수학여행 일정을 계획할 때는 학생들이 참여했습니다. 후보지 선정부터 장소 최종 결정, 수학여행 일정 수립까지 학생이 참여해서 이뤄지다 보니 올해 수학여행은 '모두를 위한', '모두가 참여한' 일정이 되었습니다. 민주적이고 합리적인 의사 결정에 학생들은 '우리 학교 좋은 학교'를 연발합니다.

수학여행 후보지, 장소 결정에 적용한 토론 방법은 '피라미드 토론'입니다. 피라미드 토론은 합리적, 민주적인 의사 결정을 할 수 있도록 도와줍니다. 일부가 엉뚱한 결정을 내렸더라도 토론을 하면서 엉뚱한 결정이 상당수 제거되고 마지막에는 비교적 합리적 결정이 선택받기 때문입니다. 또한 토론자는 자신의 의견, 짝과 합의한 의견, 모둠의 의견 등이 토론 과정에 자연스럽게 녹아들기 때문에 최종 결정에도 큰 불만이 없습니다.

피라미드 토론의 미덕은 몇몇 사람만 참여하여 말하는 토론과 달리 모두가 참여할 수 있다는 것입니다. '1:1 토론'에서 시작하니 말을 안 할 재주가 별로 없습니다. 그러나 아무 말 않고 말을 꾹 참고 있는 친구들이 있다면 이렇게 좋은 방법도 효과가 없습니다. 교실 토론은 각자의 생각을 상처 주지 않고 말하고, 상대방의 이야기를 들어 주는 것에서 출발합니다. 피라미드 토론은 많은 말을 하면서도 상대방의 이야기를 잘 들어야 하는 좋은 교실 토론 방법입니다. 피라미드 토론 방법을 적용한다면 이번 단기방학(또는 재량휴업일), 여름방학에 가족과 함께 여행할 곳을 합리적으로 선택할 수 있을 겁니다.

하나 더 이야기하자면, 누가 뭐라고 해도 가장 유명한 피라미드 토론 주제는 '무인도에 갈 때 가져갈 4가지'입니다. 이 주제가 유명해진 것은 S방송사의 '정글의 법칙'이라는 프로그램이 인기를 끈 이후부터입니다. '정글의 법칙'은 낯선 환경인 정글에서 최소한의 도구만을 가지고 생활하는 예능 프로그램입니다. 출연자들은 정글이라는 자연환경을 훼손하지 않으면서 수렵, 채집을 하고 정글에 있는 재료를 활용해 집을 짓고 생활해야 합니다. 방송사 직원은 현지에 도착하기까지 동행하고, 긴급 상황이 발생할 때만 관여하는 정도로 역할을 줄입니다. 정글을 있는 그대로 보여 주기 위해서는 인간 사회의 이기를 적게 사용해야 하므로, 출연자가 가져갈 수 있는 물건이 제한됩니다. '정글의 법칙'을 통해 실제 정글의 생활상이 소개되자 큰 인기를 끌었습니다. 그리고 이후 '무인도에 갈 때 가져갈 ○가지'라는 주제는 남녀노소를 가리지 않고 즐겁게 참여할 수 있는 피라미드 토론 주제로 떠올랐습니다. 보통 침낭, 칼, 낚시, 옷, 코펠(또는 냄비), 비닐, 부싯돌(혹은 파이어스틱) 같은 것이 나옵니다. 생수, 정수 빨대, 공책과 필기구 등도 종종 볼 수 있습니다. 지리 감각이 뛰어난 어떤 학생은 '그 섬의 위도가 어떻게 되냐'고 묻기도 합니다. 아무래도 위도에 따라 자연환경이나 기후가 다르기 때문에 가져갈 물건도 달라지기 때문입니다. 그래서 혼란을 줄이기 위해 '적도 부근에 위치한 섬'이라거나 '한반도에서 멀지 않은 중위도 지역의 섬'이라고 이야기해 주는 편입니다. 아, 그리고 하나 더 이야기하자면 여기서 4가지는 물건을 의미한다는 겁니다. 사람까지 포함한다면 '저는 연예인 김병만 씨를 데리고 가겠습니다.'라고 하는 사람이 나올 수 있기 때문입니다. 역시 정글에서 살아남으려면 김병만 씨가 최고겠지요?

그런데 의외로 피라미드 토론은 초등학교 교과서에도 소개되어 있습니다. 초등학교 6학년 도덕 교과서 92쪽에는 '통일 이후에 겪게 될 수 있는 문제점 한 가지를 선택하여 모둠별 피라미드 토의를 해 봅시다.'라는 활동이 제시되어 있습니다. 도덕 교과의 통일 단원에서 피라미드 토론을 적용해 물꼬를 트는 활동입니다. 미래에 예상되는 문제를 여러 사람과 이야기 나누며 해결하는 활동은 우리에게 매우 유익합니다. 특히 피라미드 토론을 통해 결과를 먼저 이야기하고, 그 후에 '왜냐하면 ~이기 때문입니다.'라고 설명하는 두괄식 말하기는 본격적인 토론에 앞서 좋은 경험이 됩니다. 재미있으면서도 협력적 토론의 매력을 듬뿍 담은 '피라미드 토론'을 다양한 수업 시간에 한번 활용해 보면 어떨까요?

 사실 우리 교육과정에서는 '토의'와 '토론'을 엄격하게 구분해서 사용합니다. 그래서 초등학교 도덕 교과서에서는 '피라미드 토론'이라고 부르지 않고 '피라미드 토의'라고 사용하고 있습니다. 교육과정은 토론을 찬성, 반대가 명확하게 대립되는 좁은 의미의 토론으로 사용하고, 토의는 문제 해결을 위한 다양한 협의 과정으로 사용하기 때문입니다. 그러나 큰 의미에서 토의를 토론의 일부로 보아 여기에서는 토론이라고 부르고자 합니다.

05

광고를 활용한 토론

인제 어론초 학생들은 사회 교과의 자유와 평등에 대한 단원 정리 수업을 하며 광고를 만듭니다. 담임교사가 '토론 교실 토론 수업' 프로젝트의 일환으로 일반 수업에 토론이라는 방법을 접목하여 재구성하기 때문입니다.* 이날은 수업 시간에 A4용지에 인쇄된 이미지를 교실 바닥에 펼쳐 놓았습니다. 그리고 학생들에게 자유와 평등이라는 주제를 제시하며 '마음에 드는 사진 한 장을 고르라.'고 안내합니다. 학생들은 이 사진, 저 사진을 살펴보다가 광고

---

* '토론 교실 토론 수업' 프로젝트는 강원도교육청이 토론 수업을 확산하기 위해 2014년부터 시작한 프로젝트이다.

로 만들 수 있는 사진을 하나 골랐습니다. 그리고 학생들은 원래 자리로 돌아가 자신이 고른 이미지에 맞게 몇 문장의 글로 광고를 만듭니다.

협력적 교실 토론 또는 참여형 토론에서 다루는 대부분의 활동은 짝 토론, 모둠 토론, 전체 토론의 형태를 갖고 있습니다. '협력'에 초점을 맞추다 보니 개별 활동으로 이뤄지는 토론은 생각보다 많지 않습니다. 이번 장에 소개하려는 활동은 많지 않은 개별 활동에 바탕을 둔 토론입니다. 물론 이 토론은 개별 활동과 모둠 활동에서 모두 활용할 수 있습니다. 흔히 '포토 스탠딩'으로 알려지기도 했지만, 사실은 오래전부터 '광고 만들기'라는 이름으로 국어 교과서 등에 수록되어 있던 활동에서 적용했던 방법입니다. 개별 활동으로 이뤄지는 광고 만들기가 기본 활동이라면, 모둠 활동으로 광고를 결합하는 방식은 심화 활동이라 부를 수 있습니다.

국어 6학년 1학기 5단원은 광고의 특성을 파악하고 광고를 만드는 활동을 하는 '광고 읽기'입니다. 광고에 담긴 의미를 파악하고 다시 만드는 활동을 수록하고 있습니다. 또한 국어 활동 86쪽에서는 공익광고를 만드는 활동을 제시하고 있습니다. 6학년 이전의 광고는 주로 상업광고를 보고 과장광고에 속지 않기 위해 하는 활동이 나온다면 6학년에서는 직접 광고를 만드는 적극적인 활동으로 바뀝니다. 상업광고 대신 사회 전체에 이익이 될 수 있는 공익광고를 다룬다는 점도 눈에 띕니다. 어떤 선생님은 학생들이 공익광고를 잘 만들 수 있도록 여러 편의 공익광고 영상(CF)을 보여 주거나 공익적인 지면 광고를 제시해 주기도 합니다.

국어과에서 광고 만들기를 적극적으로 변형하여 활용할 수 있는 분야는 독후 활동입니다. 글과 관련된 이미지를 A4용지에 인쇄하여 여러 장 준비하여 광고 만들기처럼 활동을 하면 됩니다. 특히 독후화 그리기 활동을 많이 하는 초등학교 저학년 같은 시기라면 충분히 활용할 수 있는 방법입니다. 글을 많이 쓰지 않으면서도 다른 사람의 마음을 움직이는 핵심적인 문장, 글 주제와 다양하게 연관된 내용을 쓰는 활동이기 때문에 효과적입니다.

지난 2013년, K방송사를 통해 《광고 천재 이태백》이라는 드라마가 시청자를 찾은 일이 있었습니다. KBS는 홈페이지를 통해 "루저'라는 꼬리표가 달린 이태백이 자본주의의 심장부인 광고계로 들어가 특유의 똘끼와 천재적인 감각으로 광고인으로 성공하는 과정을 유쾌하고 감동적으로 그릴 것"이라고 작품 의도를 소개한 바 있었습니다. 안타깝게도 최고 시청률은 6.3%에 불과하여 속칭 '대박 드라마'는 못 되었지만 진구, 박하선, 한채영, 고창석 등이 출연하여 쏠쏠한 재미를 보여 주었습니다.

이 작품은 실화를 바탕으로 각색을 한 것으로 유명합니다. 배우 진구가 연기한 이 드라마 주인공 '이태백'의 실제 모델은 광고인 이제석 씨입니다. 그는 이제석 광고디자인연구소 대표로 상업광고와 공익광고를 넘나들며 대중의 시선을 사로잡은 '광고쟁이'입니다. 그의 광고는 드라마의 소재로, 교과서에 소개되어 광고 만들기, 토론 교육의 예로 활용되고 있습니다.

사회 5학년 2학기에 천재 광고인으로 유명한 이제석 씨의 대표 광고인 '누군가에게 이것은 에베레스트 산입니다.'라는 공익광고가

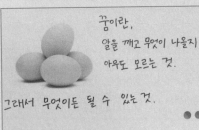

꿈이란,
알을 깨고 무엇이 나올지
아무도 모르는 것.

그래서 무엇이든 될 수 있는 것.

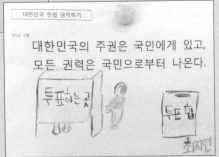

대한민국 헌법 생각하기

제1조 (2항)

대한민국의 주권은 국민에게 있고,
모든 권력은 국민으로부터 나온다.

투표하는 곳

투표함

최지연

▲ 광고 만들기 활동을 하고 있는 학생들. 영화 감상이나 독서와 연계하여 광고를 만드는 활동도 가능하다.

◀ 진로활동에서 '꿈'이란 주제로 만든 광고. 사진에 맞는 두세 문장을 써서 다른 사람을 감동시킬 광고를 만들었다.

▼ 헌법 조항을 고른 후, 조항에 어울리는 그림을 그리는 활동. 배성호 교사의 조언으로 실시했다. 오안초 6학년 최지연 학생의 작품이다.

소개되어 있습니다.* 이 작품은 세계 3대 광고제 중 하나라는 '클리오 어워드Clio Awards'에서 동상을 수상한 작품입니다. 뉴욕 전철 계단에 설치된 이 광고는 휠체어를 사용하는 장애인에게 지하도 계단이 얼마나 극복하기 어려운 난관인지를 보여 주고 있습니다. 그리고 '장애인에게는 더 많은 시설이 필요합니다.'라는 메시지를 던집니다.** 이 광고를 본 대부분의 사람들은 가슴이 뭉클해집니다. 이 광고를 만든 이제석 씨는 유학생 시절에 전철을 타고 다니며 계단을 많이 걸었다고 합니다. 좋은 광고에는 이런 경험이 사람들의 마음을 움직일 수 있도록 녹아 있습니다.

실제로 장애인들은 이동권을 확보하기 위해 거리에서 싸우고 있습니다. 2000년대 초에 펼쳐진 '버스를 타자' 캠페인은 장애인도 버스를 탈 수 있도록 저상버스를 확보하는 정책을 이끌어 냈습니다. 많은 추락 사고를 불러일으킨 전철 리프트 대신 엘리베이터를 설치하도록 한 것도 장애인들의 직접 행동이 있었기 때문입니다. 더불어 장애인도 집에 유폐되는 것이 아니라, 건강한 시민으로 살아갈 권리가 있다는 것을 지지한 시민들이 있었기에 장애인 이동권이 조금씩 진전을 보이고 있습니다. 이런 지난한 활동을 기억하는 사람들이라면 이제석 씨의 공익광고가 그저 광고로만 보이지 않을 것입니다.

'광고 만들기' 활동은 사람들의 마음을 움직이는 광고를 만든다

---

* 물론 이제석 씨는 본인이 천재가 아니라 '치열하게 노력했을 뿐.'이라고 회고한다.
** "For some, It's Mt. Everest, Help build more handicap facilities."라는 문구가 들어있다.

는 점에서 이전의 토론과는 조금 다릅니다. 주제와 이미지에 맞는 짧은 글로 광고를 만드는 것이 관건입니다. 보통 사회자는 사진을 넓게 펴 놓고 주제를 제시합니다. 그럼 토론 참여자는 자리에서 일어나 이미지 중에 마음에 드는 것 한 장씩을 고릅니다. 학교에는 사용할 수 있는 사진이 많지 않기 때문에 인터넷을 활용하여 수업에 필요한 사진을 준비해야 합니다. 토론자는 이 이미지 중에 마음을 움직일 광고로 제작 가능한 재료를 골라 광고 문안을 만들면 됩니다. 완성된 광고는 벽이나 게시판 등에 게시하여 갤러리처럼 구성합니다. 모든 작품이 게시되면 토론자는 자신을 감동시킨 작품, 마음에 드는 작품에 스티커를 붙여 표시를 합니다. 사회자는 그중 몇몇 작품을 골라 광고를 제작한 사람과 인터뷰를 하면 됩니다.

현재 원주 태봉초에서 근무 중인 김대성 교사는 개별 활동으로 이뤄진 광고 만들기를 조금 더 발전시켰습니다. 각자 만든 광고를 모아 모둠별 작품을 만드는 '모둠별 광고 만들기'를 제안합니다. 김대성 교사의 광고 만들기는 각자가 만든 광고를 합쳐 하나의 연속된 광고를 만드는 활동입니다. 자유와 평등을 주제로 한 광고를 개별적으로 만든 후, 다른 모둠 구성원들과 광고를 나눕니다. 이때 중요한 것은 모둠별로 자유면 자유, 평등이면 평등으로 주제를 통일해 광고를 만드는 것입니다. 학급 전체로 보면 자유와 평등으로 광고를 만들었지만 모둠 전체로 보았을 때는 주제가 같은 셈입니다. '자유'를 주제로 부여받은 모둠에서는 각자 제작한 광고의 순서를 바꾸며 또 하나의 작품을 만듭니다. '평등'이라는 주제로 부여받은 모둠 역시 같은 방식으로 작품을 만들며 동분서주합니다. 모둠이 여러 개라 하면 전람회 설명 방법으로 발표를 하면 됩니다.*

사회과 수업, 민주 시민 교육으로 유명한 서울의 배성호 교사는 광고 만들기를 변형한 수업 아이디어를 내놓았습니다. 초등학교 5학년 2학기 사회 1단원은 헌법, 정치 원리, 여러 국가기관의 역할에 대해 배우는 '우리나라의 민주 정치'입니다. 이 단원에는 헌법의 주요 조항에 대해 배우고, 그 가치에 대해 의견을 나누는 시간이 있습니다. 바로 이 대목에서 앞서 소개한 광고 만들기와는 다른 역발상이 나옵니다. 광고 만들기에서는 사진, 이미지를 제시하고 그에 맞는 광고문을 작성하는 '카피라이터'로서 활동하는 것이 일반적입니다. 그런데 이와 반대로 헌법 조항을 제시하고 조항에 맞는 그림을 그리는 활동을 배성호 선생님은 소개합니다. 학생 수에 맞거나 그보다 많은 수의 헌법 조항을 준비하여 그림 그리기 활동을 한 후 활동 결과물을 게시하면 됩니다. 각 작품을 두고 작가와 다채로운 인터뷰 활동을 할 수도 있습니다.

이와 같은 광고 만들기 토론에서 중요한 것, 강조하는 것은 감성입니다. 흔히 사람들은 토론을 논리로 한다고 생각합니다. 그러나 실제 토론에서 논리만으로는 다른 사람을 설득하지 못합니다. 사람의 생각은 굉장히 고지식해서 쉽게 변하지 않습니다. 특히 나이가 들어 주관이 뚜렷하다면 생각을 바꾸는 것은 굉장히 어렵습니다.

---

* 전람회 설명 방법은 협동학습에서 널리 사용하는 설명 방법이다. 전람회에 가면 설명자가 방문객에게 작품을 설명하듯이 모둠에서 설명자를 한 명 정하고, 나머지는 방문객이 되어 다른 모둠의 설명을 듣는 방법이다. 학습자가 모두 설명자와 방문객이 되어 활동을 하므로 쉬는 학습자가 한 명도 없다는 특징을 갖는다.

이때 논리로 상대방을 이기려 들면 마음을 다치게 하기 쉽습니다. 토론에서 진 사람은 '그래, 네 말이 맞다. 그런데 네 말대로 하기 싫어.'라며 자리를 박차고 나오기도 합니다. 사람이 고개를 끄덕이는 것은 마음이 움직였을 때입니다. 공감하게 만드는 것, 무언가 가슴을 찌릿하게 만드는 것이야말로 토론에서 중요한 부분입니다. 광고는 그 짧은 시간에 다른 사람의 마음을 움직이게 하는 활동입니다. 그런데 다른 사람의 마음을 움직이려면 자신의 진심이 담겨야 합니다. 자기 개방을 위한 활동이 꼭 필요한 것입니다.

광고 만들기 활동의 대미는 인터뷰 활동입니다. 사람들의 지지를 받은 광고를 만든 사람은 앞으로 나와 자신의 광고를 다시 한 번 읽어 줍니다. 그리고 사람들과 광고 작품에 대해 이야기를 나눕니다. ▶왜 그 사진을 골랐는지 ▶왜 그런 내용으로 광고를 만들었는지 ▶광고에 쓴 것과 같은 경험을 한 적이 있는지 등의 이야기를 하다 보면 여기저기서 박수가 터져 나옵니다. 사람은 저마다 생각하는 스타일, 범위가 있기 마련입니다. 그래서 다른 사람의 작품을 보면 자신이 생각하지 못한 내용이 많이 있습니다. 바로 이 점에 주목하여 솔직하게 이야기를 하면 그 자체로 좋은 의사소통이 됩니다. 이 마지막 활동에 토론이라는 이름을 붙이기보다는 인터뷰라고 하는 것은 상담 활동과도 맞닿아 있기 때문일 겁니다.

06

발명 시간에 토론하기

사람들은 발명이라고 하면 발명가 에디슨을 떠올리거나 발명특허, 행사로 이루어지는 과학전람회나 발명대회를 주로 생각합니다. 또한 대다수의 학생들은 발명은 낯설고 어려운 방법이라, 일부 학생들만 할 수 있는 것이라 여깁니다. 그래서 발명대회와 같은 행사에 참가하는 학생들조차도 사교육의 힘을 빌린 경우를 어렵지 않게 볼 수 있습니다.

학부모의 입장으로 본다면 발명 교육은 사교육으로 이끄는 강력한 유혹이기도 합니다. 발명을 통해 자녀의 사고력이 신장되고, 각종 대회를 통해 스펙도 쌓을 수 있기 때문입니다. 내 아이가 다른 사람 앞에 한 발이라도 앞서기를 바라는 학부모에게 발명 관련 사교육은 투자해 볼 만한 영역일 수도 있습니다. 대회식 발명 교육이 자녀의 사고력과 유연한 발표 능력을 저해한다는 점을 제외한다면 말입니다.

그렇다면 나머지 대다수의 학생들은 발명과 관련한 토론을 접할 필요가 없는 걸까요? 발명 토론을 한다면 어떻게 할 수 있을까요? 우리는 교실에서 '교과서를 통한 발명 토론'과 '그림 속의 수' 등 크게 두 가지로 발명 토론에 대해 이야기해 보고자 합니다. 발명은 과거에 주로 과학 교과에서 다루었습니다. 마인드맵, 브레인스토밍 등의 확산적 사고 기법이 당시에도 널리 활용된 방법이었습니다. 그런데 교육과정을 개정하면서 최근 발명 토론이 초등학교 실과, 중·고등학교 기술·가정 교과서에 새로 도입되었습니다.[*] 예를 들어, 초등학교에서는 스캠퍼SCAMPER라는 확산적 발명 토론 방법이 수록되어 있고, 중·고등학교에서는 ALU, PMI 토론 등 여러 가지 수렴적 토론 방법을 소개하고 있습니다.

2015년부터 사용된 초등학교 5~6학년 실과 교과서에는 발명 토론이 포함되어 있습니다. 동아 5학년 실과 교과서 3단원 '생활과 기술'이라는 단원에는 스토리텔링 방법으로 발명 토론에 접근합니다. 이 교과서에는 우리 주변의 발명품을 살펴볼 뿐만 아니라 생활 속에서 불편한 점을 통해 창의적인 물건을 만들어 보는 활동이 포함

---

[*] 특허청 등은 2005년 발명 교육 내용 체계를 개발하고, 2006년에는 정규 교과를 통한 발명 교육 프로그램을 개발했다. 이러한 노력에 따라 실과(이상 초등), 기술, 가정(이상 중등, 현재의 기술·가정), 특성화 고등학교의 공업과에 발명 교육이 확산되었다. 새로운 교육과정은 발명 교육이 정규 교과에 비교적 체계적으로 도입되어 적용되고 있다.

되어 있습니다. '힘찬'이라는 주인공이 선택한 물건은 연필꽂이입니다. 힘찬이가 물건을 사용하며 불편해하는 점이 교과서에 쓰여 있고, 학생들은 해결해야 할 점을 찾아 글로 적도록 되어 있습니다.

미래엔(대표 집필: 권혁수) 5학년 실과 교과서는 2단원 '생활과 기술'에서 발명 토론을 포함하고 있습니다. 먼저 발명과 기술의 기초에 대해 배운 다음, 창의적인 제품 만들기로 이어지게 구성했습니다. 학생들은 이중 총 2차시에 걸쳐 생각을 키우는 발명기법을 배우게 됩니다. 이때 적용되는 것이 바로 스캠퍼 기법입니다. 스캠퍼 기법은 용도 바꾸기, 빼기, 모양 바꾸기, 더하기, 반대로 하기, 크기 바꾸기 등 간단한 상상으로도 발명이 가능하도록 돕습니다. 그래서 스캠퍼 기법은 '8가지 발명기법'이라는 이름으로 소개되는 경우도 많습니다.

6학년 실과 교과서 중 토론 요소를 포함하고 있는 것은 '생활과 전기·전자' 단원입니다. 이 단원에서는 로봇에 대해 다루는데, 로봇에 대해 상상하고 발명하는 내용이 있습니다. 수업 흐름상, 이때 발명 토론이 활용되어야 합니다. 처음에는 간단한 발명 토론으로 시작하지만 상급학년으로 진학하면서 보다 다양한 발명 토론으로 이어지게 되어 있습니다. 중·고등학교에 가면 기술·가정 교과에서 보다 본격적으로 발명 토론을 다루게 됩니다.

교실에서 이 부분을 토론으로 해 본다면 어떨까요?

교실 토론에서는 이런 방법을 'PMI 토론'으로 적용해 볼 수 있습니다. PMI 토론은 Plus(장점), Minus(단점), Interesting(재미있는 이유, 보완점)의 약자로 장점과 단점을 모두 생각해 보고 흥미로운 대안을 찾아보는 활동을 통해 신중한 의사 결정을 하는 것으로써 기업에서 제품 개발에 활용되기도 합니다.

　교사는 PMI 토론 주제를 결정할 때도 학생의 의견을 반영할 수 있습니다. 예를 들어, 박은주 교사는 스마트폰이나 컴퓨터로 발명 토론을 할 것인지 아니면 대표적인 학용품인 샤프를 할 것인지 물어본 적이 있습니다. 이때 학생들은 학생들의 최대 관심사인 '스마트폰'이 아니라, '샤프'를 주제로 원했습니다. 그래서 각자 갖고 있는 샤프의 장, 단점과 개선점을 써 보도록 하였습니다. 그리고 모둠끼리 자신의 발명품을 설명하고 이미 있는 아이디어는 빼고 새로운 아이디어를 첨가해 보도록 하였습니다. 도화지에 발명품을 구체적으로 그림으로 그리고 전체 학생들 앞에서 각 모둠이 발명한 샤프를 발표하고, 다른 모둠에게 질의응답을 받도록 하였습니다. 모둠 내 발표자가 아니더라도 질문에 대해 진지하게 대답하고 때로는 칠판에 부가적 그림을 그리면서 설명하는 모습이 돋보였습니다. PMI 토론처럼 단계가 나뉘어 있는 발명 토론에서는 각 단계를 지키는 것이 중요합니다. 토론 방법을 개발한 학자들은 '여러 단계나 요소가 혼재되어 있을 때 오류를 일으킨다.'고 보기 때문입니다. 그래서 반드시 장점을 생각할 때는 '장점만' 생각하고, 단점을 생각할 때는 '단점만' 생각할 것을 주문합니다.

　과학 토론 수업을 꼭 교과서나 과학적 현상에서만 찾아야 할까요? 그림 속에서 찾아보는 과학 토론 수업은 어떨까요? 착시 현상이라는 주제로 '모서리 토론'을 할 수 있습니다. 박은주 교사는 과학 영재 수업에서 착시 현상으로 유명한 M.C 예셔의 작품을 모서리

주제: 내가 사용하는 (   ) 〈P-M-I 학습〉(예)

장점(Plus)	단점(minus)

장점은 살리고
단점은 극복하고(interesting)

토론 소감:

내가 사용하는(   )을 설명해 주세요.

내가 생각한 아이디어를 넣어
그림을 그려주세요.

토론에 활용했습니다.

　모서리 토론은 하나의 주제에 대해 다른 생각을 표현하는 토론 방법입니다. 하나의 작품을 보고 각 작품에서 이상한 점(모순되는 점)을 각자 찾은 후 발표를 합니다. 발표된 내용을 3~4가지 영역으로 분류 후 모서리 토론을 시작합니다. 각 모서리에서 모순되는 부분의 과학적 이유를 말하도록 합니다. 토론 참여자라면 자신과 비슷한 생각을 가진 사람들과 이야기를 나눌 수 있기 때문에 '아, 이렇게 나랑 비슷한 생각을 하는 사람들이 많구나.'라는 것을 느낄 수 있습니다. 또 마지막 토론 결과 발표 시간에는 '어, 이런 생각도 있어?'라는 다른 입장을 접하게도 됩니다. 물론 예서나 다른 작가의 그림, 조형 등의 작품뿐만 아니라 착시 현상에 대한 사진을 보고 포토 스탠딩 활동을 할 수도 있습니다.

다음은 뒤러의 '멜랑꼴리아'라는 작품을 통한 토론 활동인 'CDI 토론'을 소개하고자 합니다. 이 활동은 춘천교육지원청의 초등학교 4~6학년으로 구성된 과학 영재 학생들과 함께한 수업의 일부입니다. CDI(Common, Difference, Interesting) 토론*은 일반적 교실 토론 방법에는 없었지만, PMI 토론 방법을 응용한 것입니다. CDI 토론 방법은 모둠별 그림을 보고, 그림 속에서 공통점Common과 차이점Difference, 흥미 있는 점interesting을 찾아 모둠별로 이야기를 합니다. 서로 이야기한 것을 활동지에 적고 모둠별 발표를 하고 반 전체 의견 보고서를 정리하였습니다.

---

* CDI 토론은 PMI 토론을 응용하여 박은주 교사가 적용한 토론 방법이다. 김홍도의 '씨름'과 뒤러의 그림을 비교하는 활동을 계획했다. 사람의 수, 마방진, 도형 등 수 과학적 원리를 찾아 공통점과 차이점을 비교하는 것이다. 그림 속에서 동양과 서양의 그림을 비교하고 원리를 찾아내는 활동으로 마무리를 한다. 이 토론 방법은 그림, 과학, 발명 등에 주로 활용하며 개인별, 모둠별 토론 모두에 적용할 수 있다.

주제:(   ) 〈C-D-I 학습〉(예)

C(Common)	D(Difference)

I(Interesting)

토론 소감:

　교육의 본질은 가능성이 있는 학생들을 발굴하고 그들의 가능성을 실현할 수 있도록 도와주는 것입니다. 이러한 이유로 교육 활동 과정에서 사고한 것을 정리하고 다른 사람의 사고를 수용하며, 발표할 기회를 제공하는 것이 무엇보다 중요합니다. 또래 학생들보다 과학 분야에서 특출한 과업 수행을 해낼 수 있는 역량과 그 가능성을 지닌 영재 학생들에게 적용되는 토론 수업은 학생들 간의 시너지 효과로 더 폭발적 효과를 나타낼 것입니다.

　실제로 강원도춘천교육지원청 과학 영재 학생들과 두 번에 걸친 토론 수업 후 "여러분들이 토론 수업에 참여하고 난 후 느낀 점이

▲ 강원도춘천교육지원청 영재교육원에서 실시한 토론 교육에 참여한 학생들. 발명 토론을 한 후 결과를 발표하고 있다.

▼ 결과에 이른 과정을 종이를 들어 설명하고 있다. 브레인스토밍을 통해 발전한 사고 과정을 기록했다.

무엇인가?"라는 질문에 "짧은 시간에 더 많은 정보를 알게 되었습니다.", "다른 사람의 생각을 알게 되었습니다."라는 답변이 가장 많았습니다. 학생들은 토론에 참여하며 어른들이 생각하는 것보다 더 많은 깨달음을 얻고 있습니다.

대부분의 사람처럼 과학 영재나 발명 영재 학생들도 토론은 '말로 하는 싸움'으로 생각하는 것 같습니다. 그러나 교실 토론에서 가장 중요한 것은 '듣기'이며 더 나아가 '공감적 경청(적극적 듣기)'입니다. 물론 토론을 위해서는 말하기-발음, 억양, 악센트, 표준어 사용, 빠르기-가 중요할 것입니다. 토론을 잘하기 위해서는 사전에 배경지식이 필요하고, 조사 활동(리서치)도 있어야 합니다. 그리고 흩어진 지식들을 모아 생각을 논리적으로 정리하는 과정도 상당히 중요합니다. 정리된 생각을 글로 쓰는 과정, 상대방의 이야기를 잘 듣고 '나와 다른 생각이 있음'을 인정하는 것, 토론의 핵심 내용을 기록하는 일련의 과정도 모두 토론의 일부입니다. 이런 토론 과정이 정해진 순서대로 이뤄지지 않고, 전후순서가 바뀌거나 때로는 동시에 두세 가지 기능이 이뤄지기도 합니다. 그러나 협력적 토론에서 무엇보다 강력한 힘은 '다른 사람의 이야기를 모두 이해하겠다.', '저 사람의 마음에 공감하고야 말겠다.'는 경청의 자세입니다. 발명 토론 역시 다른 토론처럼 여러 토론 요소가 모두 필요합니다.

'모방은 창조의 어머니'라는 말처럼 인간은 이전의 것과 아주 새로운 것을 만들어 내는 경우는 극히 드뭅니다. 얼마나 새로운 것을 찾기 힘들면 '하늘 아래 새로운 것은 없다.'는 말이 있을 정도입니까. 보통은 기존의 결과, 기존 제품, 기존 생각, 기존 정책을 조금 바꾸어 새로운 것을 만듭니다. 95%의 현재에서 5%만 새로운 것을 찾아내면 그것은 굉장한 발명이자 진보입니다. 발명 토론은 기존 제품, 생각, 정책에 나와 여러 사람의 상상력을 덧입히는 작업입니다. 그리고 그 첫걸음은 창의적 아이디어를 떠올리는 것에 있습니다.

07

두 마음 토론으로 수다 떨기

 협력적 토론, 참여형 토론에는 연극적 요소가 많이 녹아 있습니다. 토론을 하며 역할에 몰입하여 배역의 마음을 이해할 수 있기 때문입니다. 연극적 요소는 역할극이라 바꿔 불러도 무방합니다. '두 마음 토론'과 같은 역할극은 심리 치료에 활용하고 있을 만큼 억압받는 심리를 발산하고, 상대방의 입장을 이해하는 기회를 제공하는 데 유익합니다. 연극적 요소를 도입한 대표적인 토론이 바로 '두 마음 토론', '포럼 연극', '협상 토론'입니다. 이번 장에서는 그중에서도 '두 마음 토론'에 대해 이야기를 나눠 보려 합니다.

 가치 판단이 발달 중인 어린이는 상과 벌을 기준으로 옳고 그름을 판단하는 경우가 많지만, 청소년기가 되면 자신의 양심과 기준에 의해 옳고 그름을 판단하는 편입니다. 콜버그Kohlberg의 '도덕성 발달 이론'을 따르면, 인간의 도덕성은 끊임없는 내면의 가치 갈등을 통해 발달한다고 합니다. 두 마음 토론은 이런 인지적 발달 특성을 수업에 적용하면서, 더불어 바람직한 판단 기준에 대하여 고민할 수 있는 기회를 제공하기 위한 목적으로 사용하는 토론 방법입니다.

두 마음 토론은 연극, 역할극 요소가 강하기 때문에 비교적 어린 학생들도 참여할 수 있습니다. 경험상 초등학교 3학년 이상이라면 두 마음 토론을 하는 데에 큰 어려움이 없습니다. 상반되는 가치로 인한 갈등 상황이 주어졌을 때 이에 대한 학생들의 생각을 들어볼 수 있습니다. 이 과정을 통해 학생들이 바른 판단을 할 수 있는 각각의 근거를 갖게 할 수 있습니다. 상반되는 선택이나 가치관을 놓고 연극적 기법을 활용하기 때문에 두 마음 토론은 인기가 높습니다. 물론 낯선 사람들 앞이거나 서먹한 사이에서는 이런 효과를 기대하기 어렵습니다. 그래서 자연스러운 연기를 위하여 어느 정도 편안한 관계가 형성된 다음에 '두 마음 토론'을 실시하는 것을 권합니다.

초등 교과서에는 이런 양자택일의 갈등 상황이 많이 등장합니다. 4학년 도덕 교과서 14쪽에 소개되어 있는 운동경기 중 갈등 상황도 그렇습니다. 교과서는 운동경기 중 공에 맞았는지, 맞지 않았는지 말해야 하는 상황에서 '나'는 어떤 선택을 해야 할까 묻습니다. 공에 맞았다고 솔직하게 말하면 우리 팀이 지고, 살짝 맞았으니 아무도 보지 못했기 때문에 거짓말을 할 수도 있습니다. 거짓말을 하면 우리 팀이 이길 수도 있습니다. 대부분의 사람이라면 이런 갈등 상황을 경험해 보았을 겁니다. '두 마음 토론'은 바로 이런, 누구나 경험해 보았을 법한 상황을 직면하게 하여 연극 방법으로 토론을 합니다. 무거운 주제보다는 조금 가벼운 주제로 하면 토론이 쉽습니다.

두 마음 토론은 일명 '천사와 악마 토론'이라고 불리기도 합니다. 천사는 착하고 윤리적인 마음을 뜻하고, 악마는 나쁘고 비윤리적인 마음을 뜻합니다. 이 명칭은 천주교에서 성자를 추대할 때 '악마의 대변인'이라는 성자 검증인을 두는 것에서 유래했다고 합니다. 그렇다고 두 마음 토론에 등장하는 '악마'가 꼭 나쁜 것은 아니니 오해는 하지 말아야 합니다. 앞서 설명한 것처럼, '두 마음 토론'은 1:1 찬성, 반대 토론의 형태를 갖고 있습니다. 두 사람이 판결자를 사이에 놓고 양쪽이 토론을 하는 것입니다. 그래서 '두 마음 토론'에 익숙해지면 앞으로 배울 찬성, 반대 대립 토론에 더 가까이 갈 수 있습니다. 어쩌면 '두 마음 토론'은 교육 연극을 활용한 교실 토론 중에서 찬성, 반대 대립 토론에 가장 가까운 방법인지 모릅니다.

두 마음 토론에도 대립되는 생각-즉, 찬성과 반대 입장-이 있습니다. 즉석 토론 성격의 '두 마음 토론'은 정책적인 주제보다는 가벼운 주제, 개인적인 주제를 많이 다룹니다. 예를 들어, '핵발전소를 계속 건설해야 한다.'는 토론 주제는 '두 마음 토론'에 썩 적절하지 않습니다. 대신 '차가 다니지 않는 밤에 무단횡단을 할까, 신호를 지켜 건널까?'라는 논제는 두 마음 토론 주제로 적절합니다. 누구나 그런 갈등을 겪었고, 또 앞으로도 겪을 비교적 가벼운 주제이기 때문입니다.

'두 마음 토론'의 미덕은 주제를 교과서 밖으로도 마음껏 확장할 수 있다는 것입니다. 예를 들어, 대부분의 학생이 학원에 다니는 상황을 고려해 토론을 한다고 해 봅시다. 우리 학생들은 가끔 학원에 갈까, 학원을 빼먹고 친구 집에 놀러 갈까 고민을 합니다. 학원에 가면 친구 집에 갈 수 없고, 학원을 빼고 친구 집에 가면 부모님께 꾸중을 들을 것이 분명하기 때문에 갈등이 됩니다. 엄마께 '오늘만 학원 빠지고 친구 집에 놀러 가면 안 되는지' 전화를 드려 보지만 돌아오는 소리는 '안 된다. 학원에 가야 한다.'는 이야기가 대부분입니다. 그럴 때 학생은 어떤 갈등을 겪고, 어떤 결정을 내리게 될까요? 학생들은 이런 토론을 통해 갈등이 되는 상황을 간접 경험할 수 있습니다.

'두 마음 토론'은 인물 내면의 갈등을 다루기 때문에 독서와도 쉽게 연계가 됩니다. 국어 교과서에 수록된 많은 동화, 소설을 '두 마음 토론'으로 다룰 수 있습니다. 예를 들어, 초등학교 6학년 2학기 국어 교과서 25쪽에는 '인물이 추구하는 삶을 생각하며 《허준》을 봅시다.'라는 활동이 제시되어 있습니다.* 드라마 허준의 일부를 15분 정도로 편집한 이 영상은 허준이 과거를 보러 가는 도중에 병자들이 몰려들어 의원으로서 치료를 하다가 늦는 장면을 집중 소

---

* 이때 허준은 2013년에 MBC에서 방영한 《구암 허준》이 아니라, 1999년 방영한 전광렬 주연의 《허준》이다.

▲ 두 마음 토론에 몰입 중인 강릉여중 학생들. 어느 정도의 친분이 생긴 이후 두 마음 토론을 실시하면 가벼우면서도 즐겁게 토론에 접근할 수 있다.

▼ 초등학교 6학년 2학기 국어 교과서에 수록된 드라마 《허준》을 보고 응용 활동을 하고 있는 오안초 학생들.

개합니다. 반면 허준의 스승 유의태의 외동아들로, 역시 의과를 같이 보러 간 유도지는 환자를 외면하고 길을 재촉합니다. 그리고 있지도 않은 아버지 유의태의 사과를 전하고, 내의원 관리들에게 뇌물까지 바치며 의과에 합격합니다. 유도지는 의과 합격 이후 기방으로 허준을 불러 '병자를 돌보다 늦은 것이 바람직하지 않다.'고 말합니다. 사뭇 다른 이 두 사람의 가치관을 어떻게 학생들이 공부하면 좋을까요? '두 마음 토론'으로 두 사람의 주장을 이야기해 보고, 결정을 하게 하면 좋지 않을까 싶습니다.

두 마음 토론에는 보통 3명이 등장합니다. 3명의 등장인물은 '나(판결자)'와 '찬성 마음(천사)', '반대 마음(악마)'입니다. 여기서 '나(판결자)'는 관찰자이자 나중에 판단을 하는 판결자인 존재입니다. 그래서 토론 중간에는 말을 하는 것이 아니라 눈으로 이야기를 하게 됩니다. 또한 이 토론에서 '나'(판결자)는 일종의 사회자입니다. '찬성 마음'과 '반대 마음' 역할을 맡은 사람은 판결자('나')가 바라볼 때만 말을 할 수 있습니다. '찬성 마음'과 '반대 마음'이라는 토론자는 판결자에게만 말하지만 상대 측 반론을 위해 듣기에 집중합니다. 토론이 어느 정도 진행되어 판결자가 마음을 결정하면 토론을 중단하게 됩니다. 그리고 판결자는 승패를 가린 뒤 그 근거를 청중에게 말해 줍니다. 재미를 더하기 위해 M방송사 《인생 극장》에서처럼 판결자가 "그래, 결심했어!"를 외친 후 결정을 말하면 더욱 흥미가 있습니다.

'두 마음 토론'은 청소년의 발달, 의사소통, 도덕성 등의 내용을 공부할 때 주로 사용하는 방법입니다. 주제를 어떻게 선정하느냐에 따라 다양한 교과와 다양한 내용에도 적용할 수 있습니다.

- 교내에서 주운 돈 10,000원 학생부에 신고해야 할까?
- 시험 2일 전 좋아하는 아이돌 그룹의 콘서트가 우리 고장에서 열린다. 가야 할까?
- 친한 친구가 맛있는 것을 사 주겠다며 오늘만 학원을 빼먹자고 한다. 학원에서는 매우 중요한 내용을 수업한다고 절대 결석하지 말라고 예고했었다. 학원을 빼먹어도 될까?
- 아침밥을 먹어야 하나 잠을 조금 더 자야 하나?
- 주말에 가족들이 대청소를 하기로 했는데 친구가 놀러 나가자고 한다. 친구와 놀아야 할까 함께 대청소를 해야 할까?
- 체육대회에 반티, 꼭 필요할까?
- 친구가 담배 피우는 장면을 목격했다. 선생님께 말씀드려야 할까?
- 이른 새벽, 차량이 다니지 않는 길에서 신호등 지켜야 할까?

자신의 주장에 대하여 거창한 학술적 근거를 찾지 않고 자신의 생각만으로도 토론을 진행할 수 있으며, 대체로 학생들에게 친근한 주제들로 토론을 진행하기 때문에 학생들이 무척 재미있어하는 방법입니다. 사춘기에 접어든 남학생들은 다소 어색해하는 경우도 있지만, 여학생들은 무척 좋아하며 적극적으로 참가하는 편입니다. 토론자가 머뭇거릴 때는 자신에게 보충 발언 기회를 달라고 조르는 학생들도 있습니다. 긍정과 부정이라고는 하지만 각각 타당한 근거를 가지고 판결자를 설득해야 하므로 이 과정에서 상대방의 다른 의견을 경청하고 수용하는 자세를 갖게 됩니다.

'차가 다니지 않는 밤에 무단횡단을 할까, 신호를 지켜 건널까'

찬성 마음 (판결자가 바라보면) 차가 다니지 않는 밤에도 신호는 지켜야 해. 그렇지 않으면 신호는 무시되고 말 거야.

반대 마음 (판결자가 바라보면) 다른 사람들도 다 밤에는 무단횡단을 해. 차가 다니지 않는 밤에는 신호를 지키지 않아도 아무에게도 피해를 주지 않아.

찬성 마음 (판결자가 바라보면) 무단횡단을 하다가 미처 보지 못한 자동차에 다칠 수도 있어. 신호를 지켜야 안전해.

반대 마음 (판결자가 바라보면) 밤에 차는 불빛이 보이니까 괜찮아. 차가 보이면 신호를 지키면 되고, 차가 보이지 않으면 신호를 지키지 않고 길을 건너도 안전해.

찬성 마음 (판결자가 바라보면) 내가 신호를 안 지키면 다른 사람도 신호를 지키지 않아 엉망이 될 거야. 사람이 지키지 않아도 되는 신호는 없어.

반대 마음 (판결자가 바라보면) 신호는 여러 사람이 엉키지 않도록 만든 거야. 자동차가 아예 없는데 나 혼자 신호를 지키는 것은 어리석은 짓이야.

찬성 마음 (판결자가 바라보면) 무단횡단은 사고를 불러올 수 있어. 내 눈에 차가 없는 것처럼 보여도 어디선가 나타날 수 있어. 밤에 교통사고가 나면 더 위험해.

반대 마음 (판결자가 바라보면) 차가 다니지 않는 밤에 신호를 지키면 이동 시간만 더 걸려. 차가 없어서 안전한데 왜 신호를 지켜서 시간이 더 걸려야 해?

찬성 마음 (판결자가 바라보면) 시간이 덜 걸리는 것보다 안전한 것이 우선이야. 5분 빨리 가려다가 50년 빨리 죽는다는 이야기 몰라?

반대 마음 (판결자가 바라보면) 자동차가 다니지 않는 밤에 길을 건너는 것인데, 왜 꼭 사고가 난다고 생각하지? 다치지 않을 가능성이 더 많아.

판결자 그래, 결심했어! 나는 차가 다니지 않는 밤에도 신호를 지켜 건너겠어. 왜냐하면 안전한 것이 제일이야. 내 몸은 소중하니까.

08

만장일치 토론으로 진로 찾기

　초등학교 6학년 실과 시간에는 진로 단원이 들어 있습니다. 학생들은 1년 동안 총 6개의 단원을 공부합니다. 그러니 실과 교과서의 진로 단원은 한 달이 넘게 공부를 해야 하는 '상당히 중요한 단원'인 셈입니다. 더군다나 학생들은 중학교, 고등학교에 진학하여 '기술·가정'을 다시 배우게 됩니다. '기술·가정'에서도 진로는 매우 중요한 영역으로 다뤄집니다. 또한 중학교에서는 자유학기제를 도입한 이후 진로에 대한 관심이 높은 편입니다. 문제는 진로 교육이 강의식으로 이뤄져서는 큰 효과가 없다는 것입니다. 그래서 최근 학교에서는 진로 교육도 체험식, 토론식 교육을 선호하는 분위기입니다. 체험식 진로 교육은 별도로 이야기한다고 치더라도, 도대체 '토론식 진로 교육'은 어떻게 하라는 것인지 고개를 갸웃거릴 수 있습니다. 그래서 이번 장에서는 대표적인 토론식 진로 교육, 만장일치 토론을 소개하려 합니다.

'만장일치 토론'은 '만장일치로 의사를 결정하는 토론'입니다. 우리는 다수결이나 1:1, 2:2 등 동수가 참여하는 토론에 익숙합니다. 그러나 만장일치가 아닌 경우 어떤 토론 방식이어도 소수의 의견이 무시되는 상황이 발생할 가능성이 높습니다. 만장일치 토론은 단 한 명의 반대만 있어도 토론이 종료되지 않기 때문에 비교적 소수의 의견이 잘 받아들여집니다. 만장일치라는 원칙 때문에 소수의 의견까지 수용하여 결론을 내릴 수 있으며, 다른 친구들의 의견을 듣고 논리적으로 설득하는 과정을 익히게 됩니다. 다만, 이 과정에서 만장일치에 익숙하지 않은 토론자들이 짜증을 내거나 소수 의견을 가진 사람을 겁박하는 경우도 있기 때문에 사전에 주의를 주는 것이 좋습니다. 만장일치 토론은 양자택일, 순위 만들기 등이 주로 쓰입니다. 백지에서 선택을 하라고 하면 만장일치에 거의 도달할 수 없기 때문에 제한적인 상황에 만장일치 토론을 적용하는 겁니다. 만장일치 토론은 경제 교육이나 진로 교육에 주로 적용하는 방법이지만, 주제를 어떻게 선정하느냐에 따라 다양한 과목과 내용에도 적용이 가능합니다.

양자택일식 만장일치 토론은 일종의 상황극을 전제로 이뤄지는 경우가 많습니다. 예를 들어, 조난당한 사람들이 구조를 기다릴지, 극한의 자연환경을 지나 도시로 향할지 양자택일하는 상황을 설정해 봅시다. 우리는 7월 중순, 이집트에서 유럽으로 향하는 항공기에

탑승했습니다. 그런데 오전 10시경 항공기가 알 수 없는 원인으로 항로를 100km 이탈하여 사막에 추락했습니다. 밖은 최고 온도 섭씨 60도를 기록하고 있고, 우리는 가벼운 옷차림을 하고 있습니다. 우리는 구조를 기다려야 할까요, 아니면 인근 도시를 향해 이동해야 할까요? 단, 우리는 어떤 결정을 하든 함께 움직여야 합니다. 이런 상황 설정을 했을 때 의견이 분분할 겁니다. 구성원이 많다면 시간이 오래 걸리고, 합의에 이르기까지 여러 번 다툴지도 모릅니다. 그러나 인내심을 발휘해서 하나의 결정을 내려야 합니다.

만장일치 토론이 널리 사용되는 곳은 '순위 정하기' 활동입니다. 양자택일 대신, 구조에 필요한 물건을 10가지를 갖고 갈 수 있다고 가정해 봅시다. 10가지를 마음대로 고르라고 하면 만장일치에 도달하지 못합니다. 그래서 이때는 사회자가 10가지를 정해 줍니다. 예를 들어 식수통, 수건, 침낭, 줄(등산용 로프), 비상식량, 조명탄, 담요, 구급약, 칼, 라이터 등입니다. 그럼 각 모둠별로 토론을 통해 가져갈 물건 우선순위를 정할 수 있습니다. 물론 이 토론에서는 만장일치로 순서를 결정해야 합니다. 경험상 10가지는 만장일치에 도달하는 데 굉장히 시간이 오래 걸립니다. 보통은 5~6가지로 순서를 결정하도록 안내해야 수업이 원활한 편입니다.

진로 교육에서는 아주 다양한 방식으로 만장일치 토론을 활용할 수 있습니다. 실과 교과서에는 여러 가지 직업의 특성과 업무에 대해 다루고 있습니다. 이러한 조사 활동을 통해 자신의 장래 희망을 정하라는 것이 취지입니다. 이 차시를 조금 바꿔, 심화된 활동을 한다고 하면 만장일치 토론을 적용할 수 있습니다. '어떤 직업이 사회적으로 가치 있는지 순서대로 나열해 보자.'고 말입니다. 실제로 오안초 학생들은 의사와 기자, 교사, 경찰, 소방관, 군인 등 6가지 직업을 놓고 '사회적으로 가치 있는 직업 순위' 토론을 해 보았습니다. 결과는 상상에 맡기지만, 학생들은 생명을 다루는 직업과 교사에 대해 가치 있다고 여겼습니다. 농민을 넣었을 때는 '모든 인간은 먹어야 살기 때문에 농민이 가치 있는 직업'이라는 반응을 보였습니다. 이런 결과가 나온 것은 오안초가 위치한 지역이 농산어촌이고 농업 생산량이 많기 때문일 수도 있습니다. 중요한 것은 어떤 결정을 하든, 그건 그 모둠 구성원의 의사가 최대한 민주적으로 반영된 것이어야 한다는 겁니다. 그런 점에서 만장일치 토론은 '민주주의는 지난한 토론과 어려운 합의를 전제로 한다.'는 것을 배울 수 있는 좋은 교육 방법이라 생각합니다.

만장일치 토론은 '정답이 없는 토론'과 '정답이 있는 토론'으로 나눌 수 있습니다. 보통 '정답이 없는 토론'은 가치관을 알아볼 때, '정답이 있는 토론'은 설문조사 결과나 통계 등을 기초로 하는 토론에 활용합니다. 이런 만장일치 토론은 시대나 사회를 반영할 수 있는 내용의 수업에 적용하면 좋습니다. 학생들과 통계를 활용하여 만장일치 토론을 한다면, 결과를 공개한 후에 정답을 확인할 수 있도록 준비해야 합니다. 예를 들어 ▶어버이날 부모님들이 자식들로부터 가장 받고 싶어 하는 선물 순위 정하기(현금, 친필 편지, 카네이션, 가전제품, 공연 티켓) ▶1990년대와 현재의 물가 순위 정하기(시내버스 요금, 짜파게티 한 봉지, 제도 1000샤프, 최저 시급, 자장면) ▶국가별 최저 시급 순위 정하기(대한민국, 캐나다, 일본, 호주, 네덜란드) ▶청소년 스트

▲ 강릉여중 학생들이 90년대와 현재의 물가 비교에 대한 만장일치 토론을 마치고 결과를 들어 보이고 있다.

▼ 직업 선택에 관한 만장일치 토론을 하고 있는 오안초 학생들. 한국고용정보원, 각종 리서치 회사가 발표하는 통계를 활용하면 다양한 만장일치 토론이 가능하다.

레스 순위 정하기(외모, 가정불화, 친구·이성 관계, 진로, 성적) ▶스트레스를 많이 받는 직업 순위 등은 모두 교과서 내용과 관련하여 활용할 수 있는 '정답이 있는 만장일치 토론'입니다.

'정답이 있는 만장일치 토론'은 교실이나 학교 구성원의 설문조사와 연결하여 실시할 수도 있습니다. 예를 들어, '○○학교 ○학년 학생의 장래 희망'을 알아맞히는 토론을 한다고 생각해 봅시다. 사전에 선생님이나 학생들은 해당 학생의 장래 희망에 대한 설문 조사를 해야 합니다. 손쉽게 스티커 투표를 하는 것도 가능하고, 설문지 조사를 해 보는 것도 좋습니다. 조사 결과를 정리하여 A4용지 절반만 한 크기의 카드를 만들면 만장일치 토론 준비가 다 끝났습니다. 실제 토론에 들어가서는 상위 1~6위를 순위는 빼고 토론에 참여한 학생들에게 알려주면 됩니다. 그럼 만장일치 토론에 참여하는 학생은 4인 1조 정도로 모둠을 구성한 후 1~6위 순위대로 장래 희망을 나열하도록 합니다.

예를 들어, ○○학교의 장래 희망 상위 여섯 가지로 교사, 의사, 변호사, 디자이너, 회사원, 공무원이 나왔다고 칩시다. 학생들은 만장일치 토론을 통해 1~6위를 맞춰야 합니다. 누군가는 교사가 1위일 것이라고, 또 다른 누군가는 의사나 변호사가 1위일 것이라고 주장할 겁니다. 어떤 장래 희망이 1위인지 근거를 이야기하며 만장일치로 1위를 합의하면 같은 방식으로 2위를 결정하게 됩니다. 그리고 같은 방식으로 3~6위까지도 결정하면 됩니다. 만장일치 토론에서는 한 명이라도 반대하면 합의가 이뤄지지 않으므로, 토론자들끼리 충분히 토론을 해야 합니다. 만장일치 토론은 상당한 시간이 필요하기 때문에 다른 협력적 토론에 비해 시간을 넉넉히 잡고 해야 효과적입니다.

초등학교 4학년 도덕 교과서 172쪽에는 '나 하나쯤이야.'라는 생각을 막을 수 있는 '규칙의 우선순위 정하기' 활동이 제시되어 있습니다. ▶'우리'라는 의식 가지기 ▶구성원과 의사소통하면서 서로 배려하기 ▶맡은 역할에 책임 다하기 ▶공동의 목표에 관심 가지기 ▶구성원을 믿고 서로 의지하기 등 다섯 가지 규칙을 보다 중요한 것부터 덜 중요하다고 여기는 순서대로 나열하는 활동입니다. 사실 다섯 가지 규칙은 모두 중요하기 때문에 어떤 것이 더 중요하다고 말하기 어렵습니다. 함께 토론 활동을 하는 구성원이 합의하면 되는 문제입니다. 그런데 순위를 결정하는 토론 활동이 과연 쉬울까요? 우리의 경험으로는 무척 어렵습니다. 만장일치는 상대를 설득하는 지난한 과정이 있어야 하기 때문입니다. 특히 이 활동처럼 정답이 없는 주제로 토론을 할 때는 더욱 어렵습니다. 대신 이처럼 어려운 과정을 거쳐 합의에 이르렀다면 그 합의는 상대적으로 잘 지켜질 것입니다. 우리는 이것이 공동체가 운영되는 원리라고 생각합니다.

초등학교 6학년 1학기 국어 교과서 59쪽에 제시된 활동 또한 만장일치 토론의 성격을 잘 보여줍니다. 이 차시는 '다양한 관점'에 대해 배우는 단원의 정리 차시입니다. 교과서 집필자들은 사람 또는 집단 간의 관점 차이를 보여 주려고 이런 활동을 선택했습니다. 활동 내용은 '자신이 생각하는 행복의 우선순위'를 나열하는 것입니다. 교과서가 제시한 행복한 순간은 ▶가족과 함께 즐거운 시간을 보낼 때 ▶친구와 웃으며 이야기할 때 ▶용돈을 많이 받을 때 ▶시험에서 좋은 결과가 나왔을 때 ▶맛있는 음식을 먹을 때 등 다섯 가지입니다. 이 활동을 모둠 구성원과 함께 만장일치로 한다면 옆 모둠과 같은 결과가 나올 가능성은 낮습니다. 중요한 것은 '왜 그렇게 생각했느냐'입니다. 토론의 결과도 중요하지만, 그런 결과를 선택한 이유를 제시하고 이야기하는 것이 토론 교육에서는 더욱 소중합니다.

사회과에서는 정리 활동이나 퀴즈에 만장일치 토론을 활용해도 좋습니다. 예를 들어, 초등학교 5학년 1학기의 경제 단원을 배운 후에 ▶우리나라와의 무역 규모 순위 ▶1970년 수출품 순위 등을 만장일치 토론으로 푸는 활동을 할 수 있습니다. 이미 배운 내용이기는 하지만, 모든 사람이 이런 세세한 내용을 기억하기는 어렵습니다. 여러 사람이 머리를 모아 문제를 해결해야 하는데, 이때 토론이 많이 접목됩니다. 처음에는 갈등을 빚을 수도 있지만, 차츰 만장일치에 익숙해지면 활동이 원활해집니다.

만장일치 토론의 순서는 대체로 간단합니다. 그래도 개인별, 모둠별로 토론 규칙에 대한 이해가 부족할 수 있으므로 순서를 안내해 줄 필요가 있습니다. 교실 수업 상황에서 만장일치 토론의 순서는 다음과 같습니다.

① 순위를 결정해야 하는 카드 세트를 나누어 준다.
② 상황에 대하여 설명하고 질문을 받는다.
③ 교사의 설명을 참고로 개인별로 순위를 정한다.
④ 모둠에서 각자 자신이 정한 순위에 대하여 설명한다.

⑤ 모둠별로 토론을 통해 만장일치로 순위를 결정한다.

⑥ 정답을 공개하고 보충 설명을 한다.

토론 교육이라는 관점에서 진짜 중요한 것은 토론 과정입니다. 토론에 익숙하지 않은 학생들의 경우 이유를 말하기보다 결과에 집중하는 경향이 있습니다. 그러나 교육적 측면에서는 정답에 연연하기보다는 토론 과정을 통해 정답을 찾는 것에 주목해야 합니다. 만장일치 토론을 활용하는 교사라면 이 점을 학생들에게 충분하게 설명해야 합니다. 그리고 토론 과정이나 학생들의 결정 과정에 교사는 가능한 개입하지 않는 것이 좋습니다.

09

한 줄로 모둠별 글쓰기

청소년기의 하이라이트를 향해 질주하는 남자 중학교 1학년 교실, 남학생 스물다섯 명이 '사나운 양떼'처럼 우글대는 곳에서는 괴성과 고함이 일상입니다. 이 학생들은 자유로움을 갈구하다 못해 일명 '귀차니즘'으로 일관하기 일쑤입니다. 다른 한편으로는 민주주의를 희망으로 삼아 살아갈 다음 세대의 주인공들이기에 둘, 셋, 넷 모여 서로 다름을 알아 가고 이를 넘어서서 작은 목소리, 큰 목소리와 조화를 이루기 위해 노력합니다. 서로 통하니 불협화음 대신, 무엇인가 창조적인 생산이 이뤄집니다. 중학교 교실에서 토론 교육이 어느 정도 정착되는 데에는 협력적 토론 학습의 한 방법인 '한 줄 글쓰기'외 '빈 칸 채우기'가 큰 역할을 했습니다.

그중에서도 쓰기 활동을 기초로 하는 토론으로, 간단하지만 의외로 깊이가 있는 활동이 바로 '한 줄 모둠별 글쓰기', '빈 칸 채우기'입니다. 한 줄 글쓰기는 모둠별 토론 교육의 대표적인 방법입니다. 각자 한 문장만 쓴 후, 그 문장을 어떻게 배열하느냐 하는 논의를 거쳐 '자기 완결성을 갖춘 글'을 만들게 됩니다. 문장의 순서를 놓고 같은 모둠 사람들과 이야기하면서 토론이 이뤄집니다. 이 과정에서 모둠과 모둠원에 대한 이해도가 높아지므로 협동학습에서는 모둠 세우기 활동으로 분류합니다. 글 주제를 진로와 관련해 제시하면 진로 교육에도 적용할 수 있습니다. 자기 이해, 진로 탐색 단계에서 적용하면 좋습니다.

| 토론 방법 |

① 4~6명으로 토론 모둠을 구성한다.

② A4용지를 반으로 접은 흰 종이와 분명하게 쓸 수 있는 굵은 펜을 준비한다.

③ 사회자가 주제를 공개한다. 진로 교육이라면 '꿈', '미래', '10년 후' 등의 주제를 제시할 수 있다.

④ 토론 참가자는 주제에 대한 자신의 생각을 한 문장으로 쓴다. 이때, 다른 사람의 것을 보고 쓰지 않도록 주의한다.

⑤ 참가자 모두 다 썼으면 모둠원들은 다른 사람의 문장을 확인한다.

⑥ 각자의 문장을 모아 순서를 정하여 가장 적절한 한 편의 글을 완성한다. 이때 토론을 통해 문장 순서를 조정한다.

⑦ 완성된 하나의 글을 낭독한다.

※ 토론 참가자는 종이에 글씨를 크게 써서 읽기 쉽게 작성한다.

　중학교 국어 교과의 6가지 영역은 모두 토론을 이끌어 낼 수 있는 제재이지만 '한 줄 글쓰기'와 가장 잘 어울리는 것은 문학 영역입니다.* 시 단원에서는 모방시 쓰기로 할 수 있고, 소설 단원에서는 등장인물을 연구하기 전이나 후에 새로운 이야기 꾸미기와 같은 활동으로 '한 줄 글쓰기'가 제격입니다. 그리고 모둠 세우기를 하는 모든 활동의 첫머리에 '한 줄 글쓰기'를 넣을 수 있습니다.

　동해 북평중학교에서는 옛이야기와 같이 교훈적인 내용의 단원에서 인성 교육을 목표로 삼아 제시해 놓은 학습 활동 문항 중 찬반 토론이 가능한 제재를 뒤집어 보기를 통해 '한 줄 글쓰기' 토론을 벌여 보았습니다.

　① 교과서에 제시된 과제

[학습 활동]

　다음은 '오줌통 이야기'를 읽고 당시의 시대 상황에 대해 비판한 글이다. 이에 대한 자신의 생각을 말해 보자.

　이 글의 앞부분에는 다음과 같은 구절이 있다.

---

* 보통 국어에서는 듣기, 말하기, 읽기, 쓰기, 문학, 문법을 영역으로 삼는다. 듣기, 말하기는 합쳐 '듣기·말하기'로 영역을 구분하기도 한다.

'관가에서는 큰 시장의 으슥한 곳에 오줌통을 두어 시장 사람들의 급한 때를 대비하고 있었다. 그러나 선비들이 거기에 오줌을 누는 것은 금하였다.'

시장 사람들이 사용하는 오줌통에 선비가 오줌을 누는 것을 금지한 것으로 보아, 당시 조선 사회가 신분에 따라 사람을 얼마나 차별했는지 알 수 있다. 시장 사람의 체면이야 어찌됐든 상관없지만 양반들은 길에서 볼일을 보는 것이 체면을 구기는 일이라 여겼으며, 양반과 시장 사람들이 같은 오줌통을 사용하는 것을 용납하지 않았다. 그러나 오줌통까지도 양반과 시장 사람을 구분하여 사용하도록 하는 것은 잘못된 일이다.

*나는 이 의견에 동의한다. 왜냐하면
*나는 이 의견에 동의하지 않는다. 왜냐하면

위의 학습 활동의 찬반 의견에 대해 학생들은 논제를 제대로 이해하는 것부터 힘들어했습니다. 역시나 토론 교육은 말을 시작하기, 서로 돕는 말하기, 자신의 언어로 말하기와 같은 일이 더 중요하다는 것을 더욱 여실히 확인할 수 있습니다. 위의 학습 활동의 제재를 '차별'이라고 본다면 삶을 살아가면서 '차별'을 거꾸로 인식하면 떠오르는 단어나 생각, 구절들을 찾아내고 이들 중 하나를 '한 줄 글쓰기' 토론 활동으로 전개하였습니다. 이 과정에서 선택한 제재는 '배려'와 '행복'이었습니다.

② '배려' 하면 떠오르는 생각이나 의미들을 각자 한 문장으로 표현

한 다음 모두 모아서 맥락이 있는 한 편의 글이 되도록 순서를 정하여 발표해 봅시다.

- 불편한 친구가 있으면 도와주는 것이다.
- 도움이 필요한 친구에게 도와주는 것이다.
- 서로서로 양보하며 도와주는 것이다.
- 배려란 남들보다 내가 더 힘들고, 생각해야 하지만 잘 생각해 보면 가장 쉬운 일인 것 같다.

- 배려란 할머니 무거운 짐 들어 도와주는 것이다.
- 줄을 섰을 때 다른 사람에게 양보해 주는 것이다.
- 버스에서 할머니께 자리 양보하는 것이다.

- 배려란 사람이 가진 성장의 길이다.
- 배려란 남이 하는 말이나 행동을 존중하는 것이다.
- 배려란 사람을 양보하고 존중하는 것이다.
- 배려란 불편한 사람을 도와주는 것이다.

- 남을 먼저 생각해 주는 것이다.
- 남을 이해하고 존중하는 마음을 행동으로 표현하는 것이다.
- 남을 위해 행동으로 먼저 실천하는 것이다.
- 배려를 하면 모두가 행복해진다.

•배려란 친구가 어딘가 아프거나 힘들어할 때 이해해 주는 것이다.
•노인들이 무거운 짐을 들고 가시면 들어 주는 것이다.
•남을 위해 내 것을 양보해 주는 것이다.

•배려는 마음이다.
•민혁이가 나를 도와주었다.
•시원이를 도와줬다.
•배려는 도와주는 것이다.

사실 이 활동에서 어떤 내용이 앞에 오거나 뒤로 가는 것이 중요한 것은 아닙니다. 이러한 결과를 만들어 낸 과정 자체가 의미 있었습니다. 친구들 사이에서 일어났던 구체적인 사실을 바탕으로 '배려'를 생각해 보는 아이들도 있어서 공감이 갔고, 비록 상투적인 내용이지만 그 의미를 진지하게 생각하고 서로 의논하는 과정을 높게 평가할 수 있었습니다. 다른 사람과 함께 생산적이고 의미 있는 이야기를 한다는 사실 자체가 학생들에게도 큰 의미가 있어 보였습니다.

③ '행복' 하면 떠오르는 생각이나 의미들을 각자 한 문장으로 표현한 다음 모두 모아서 맥락이 있는 한 편의 글이 되도록 순서를 정하여 발표해 봅시다. 그리고 이 문장들의 의미가 들어가 있는 이야기 한 편을 만들어 발표해 봅시다.

• 행복이란 자유이다.
• 행복이란 방학이다.
• 행복은 롤LOL이다.
• 행복이란 게임이다.
• 행복이란 치킨이다.

제목 : 재민이와 병근이의 최후

옛날 옛적이 아닌 지금 병근이와 재민이가 살았어요. 2015년 자유로운 겨울방학 때 무슨 사건이 일어났어요. 재민이와 병근이는 겨울 방학 때 PC방에 갔어요. PC방에서 컴퓨터를 하고 치킨을 먹으려고 치킨집으로 갔어요. 재민이와 병근이는 돼지처럼 치킨을 먹으려다 하느님이 나타나 "너희처럼 돼지같이 먹는 애는 처음이다."라고 말하고는 돼지로 바꾸었어요. 그래도 재민이와 병근이는 계속 치킨을 먹었어요. 그러자 하느님이 재민이와 병근이를 배부른 돼지로 만들었어요. 이제 병근이는 그만 먹어서 사람으로 변했고 재민이 돼지는 계속 먹어서 배가 터질 것 같았어요. 그러자 하느님이 "너처럼 게으르고 뚱뚱하고 못생긴 사람은 처음이다."라고 하면서 밥도 못 먹는 돼지로 바꾸었어요. 하지만 재민 돼지는 치킨을 먹고 싶어서 후회하고 또 후회했어요. 하지만 반성할 생각은 하지도 않았어요. 나중에 재민 돼지가 죽은 후 재민 돼지는 지옥보다 더 끔찍한 곳으로 갔어요. 그곳은 범죄자들도 조금밖에 가지 않았는데 재민이는 거기까지 갔으니 재민이가 욕심이 얼마나 많았는지……. 그렇게 재민이는 지옥보다 더 끔찍한 곳에서 엄청 불편하게 살았답니다.

이 이야기는 중학교 1학년 남학생들이 상상할 수 있는 말도 안 되는 이야기입니다. 이런 이야기일지라도 서로 의논하면서 웃고 떠들며 즐거운 시간을 함께하면서 만들어 냈다는 데에 의의를 둘 수 있지 않을까요.

우리는 지금 참여와 소통, 그리고 이를 위한 협력이 화두인 시대에 살고 있습니다. 지금 중학교 1학년인 이 아이들이 살아 내야 할 미래는 지식 정보가 넘쳐 날 것입니다. 이러한 지식과 정보를 수용하고 처리하는 데에 꼭 필요한 두 가지를 꼽는다면 읽기 능력과 토론 능력일 겁니다. 그러나 찬반대립 토론으로만 지식 정보를 정리할 수는 없을 것입니다. 이 시점에서 아이들을 한데 모으고 그들의 이야기를 듣고 새로운 방향을 설정할 수 있는 길잡이 역할을 할 수 있는 협력적 토론 활동이 '한 줄 글쓰기'입니다.

한 줄로 모둠별 글쓰기는 토론 활동에 들어갈 때, 모둠 세우기를 할 때 활용하기 쉬운 굉장히 간단한 토론입니다. 내 마음과 생각을 한 줄의 문장으로 만들어 토론에 활용할 수 있습니다. 방법은 의외로 쉽습니다. 먼저 다른 협동학습, 모둠별 토론처럼 4~6명으로 모둠을 구성합니다. 그리고 사회자가 주제를 제시하면 각자 종이에 한 문장을 씁니다. 그 후 문장의 순서를 바꾸어 하나의 문단(또는 글)을 만들면 됩니다. 이때 '그리고', '왜냐하면', '그러나' 같은 연결어를 새롭게 쓰지 않도록 해야 합니다. 있는 그대로의 문장을, 오로지 순서만 바꿔 글을 만들어야 합니다. 그리고 토론이 잘 이뤄지려면 왜 그 문장이 그 위치에 가야 하는지 이유를 이야기하면 됩니다. 그리고 마지막 단계에서 모둠 활동으로 만든 글을 다른 사람들 앞에서 낭독하게 됩니다. '시처럼 글을 쓰기'로 주문했을 경우에는 시의 느낌이 살도록 조정하며 읽으면 됩니다. 토론 교육을 하는 교사들은 이와 같은 모둠별 글쓰기를 흔히 '한 줄 글쓰기'라고 부릅니다.

토론 교육에서 '빈 칸 채우기'라고 부르는 '모둠 문장 쓰기'는 국어, 도덕 교과서 등에 널리 활용되고 있습니다. 초등학교 4~6학년 도덕 교과서에는 어떤 개념을 자신만의 언어로 정리하는 활동이 자주 나옵니다. 이때 사용하는 방법이 바로 '빈 칸 채우기'입니다.*

예를 들어, 초등학교 4학년 도덕 교과서 63쪽에는 '이웃이란 ~입니다'라는 가치어 사전 만들기 활동이 제시되어 있습니다. 이웃의 의미를 자기가 배운 내용, 느낀 내용으로 정의하는 활동입니다. 그런데 이 활동을 혼자서 할 수도 있지만, 둘이나 넷 등 여럿이 할 수도 있습니다. 여럿이 빈 칸의 단어를 써 놓고 그 이유를 설명하는 활동이 바로 '빈 칸 채우기'입니다. 재미있는 것은 이렇게 여럿이 하는 활동으로 하면 혼자 할 때보다 더 창의적인 내용이 많이 나온다는 겁니다. 하나 더하기 하나는 결코 둘이 아니라는 사실을 보여 주는 활동이라 할 수 있습니다.

오안초 6학년 학생들은 5월을 맞아 '놀이'라는 주제로 '빈 칸 채우기' 활동을 해 봤습니다. 학생들이 참 좋아하는 주제이기도 했지만, 전국시도교육감협의회가 2015년 5월을 맞아 '어린이 놀이헌장'을 선포했기에 선정한 주제였습니다. 우리는 이 단순한 활동에서 굉

---

* 초등 교과서에 수록된 '빈 칸 채우기'는 주로 혼자서 하는 활동이다.

장히 뛰어난 상상력과 논리를 엿보았습니다. 몇몇 친구들은 교사도 상상하지 못한 글들을 써 넣었습니다. 이렇게 만든 작품은 한동안 오안초 6학년 교실을 빛냈습니다. 이 작품들을 보며 학생들과 교사, 그리고 교실을 찾은 사람들은 행복 수다를 만끽했습니다.

10

과학 시간에 토론하기

　흔히 토론이라고 하면 인문, 사회 분야를 떠올립니다. 시사적이고, 사회적인 이야기, 철학적인 논제로 토론하기 쉽다는 것입니다. 물론 그런 생각이 아주 틀린 것은 아닙니다. 그러나 과학 시간에 토론을 한다는 것이 그리 낯설지 않은 것도 사실입니다. 인문학적, 사회학적 주제와 접근하는 방법이 달라서 그렇지 과학 시간에도 상당히 많은 토론이 이뤄집니다. 특히 과학 시간에는 방법적으로 접근이 잘 되었는지, 가설을 어떻게 세워야 하는지, 실험 결과에 오류는 없는지, 오류를 어떻게 설명할 수 있는지 토론을 하는 경우가 많습니다. 교과서 앞부분에 포함된 여러 가지 탐구 방법에 대한 부분도 결국 토론이라 부를 수 있습니다.

지난 70년 동안 시대적, 사회적 요구를 반영하기 위하여 여러 차례 교육과정이 개정되고 적용되었습니다. 그러나 학교에서 보면 교육과정 고시 연도가 바뀌고 입시제도만 변했을 뿐 교육이나 교실을 바꿔 내지는 못했습니다. 지난 2011학년도, 중학교에서는 3개 학년이 각각 다른 교육과정을 적용하는 혼란도 있었습니다. '배려와 나눔을 실천하는 창의적 인재 양성'이라는 목표로 구성된 2009 개정교육과정이 적용되고 있는 2015년, '꿈과 끼를 키우는 행복 교육'을 목표로 한다는 '2015 개정교육과정' 논란으로 또 다시 온 나라가 뜨겁습니다.

새 천년의 부푼 꿈과 희망, 기대를 받으며 태어났던 즈믄둥이들이 지금 중학교 생활을 하고 있습니다. 이 학생들이 살아가는 21세기는 더 이상 획일적이며 통제된 대량생산 체제의 사회가 아닙니다. 2000년 새해 첫날, 당시 대통령의 새해 인사말처럼, 지식 기반 사회이며 다양성과 개인의 개성을 존중하는 사회입니다. 자기 주도 학습 능력, 창의적 문제 해결 능력, 자기 생각을 정리하고 논리적으로 설득하는 자기 주장 능력, 남과 다름을 인정하고 남의 의견을 경청하며 존중하고 배려하는 소통의 능력이 필요한 사회입니다. 경제협력개발기구(OECD)에서는 'DeSeCo(Defining and Selecting Key Competencies) 프로젝트' 연구를 통해 미래 핵심 역량으로 ▶도구를 상호적으로 사용하기 ▶이질적인 집단과 상호작용하기 ▶자율적으로 행동하기 등 3가지를 제시하였습니다. 교사는 교육과정 개정이 아니더라도, 21세기 핵심 역량을 키워 내기 위해 '무엇'을 가르칠까 하는 고민에서 '왜' 가르쳐야 하며, '어떻게' 가르쳐야 하는가에 대한 고민을 해야 합니다.

과학 교과에서 길러야 할 핵심 역량은 '과학의 기본 지식 탐구 과정을 바탕으로 창의적 사고 과정을 통해 직면한 문제에 대해 적절하고 새로운 해결 방법을 발견하는 창의적인 문제 해결력'과 '비판성과 협동성, 의사소통 능력'이라 생각합니다. 중학교 과학 교과를 대하는 상당수 학생들은 깊이 있는 사고와 고민을 통한 이해보다는 단순 암기에 머무르고 있습니다. 이것은 학교에서 치른 시험이 암기 정도를 평가하는 데 치중했기 때문이기도 합니다. 안타깝게도 이런 한계로 인해 과학 교육의 현실은 비판성, 객관성, 협동성 과학적 태도와 의사소통 능력을 기른다는 목표와는 거리가 먼 편입니다. 과학 시간에 토론을 도입하는 것은 생각하는 힘, 삶과 과학이 깊은 관련이 있다는 것을 보여 주기 위함입니다. 과학이 학생들 자신의 삶과 직접적인 관계가 있다는 사실을 깨닫게 하는 교수·학습 전략이 당장 필요합니다. 평가 역시 일상생활 문제 해결에 활동되는 창의적 문제 해결 능력과 태도, 과학에 대한 흥미와 가치 인식, 참여의 적극성을 적극 반영해야 합니다.

중학교 과학3(비상교육, 임태훈 외) 3단원 태양계에 단원 마무리 활동으로 토론·논술 친해지기 '달의 움직임 알아보기'가 있습니다. 이 활동에는 음력 한 달 동안 달의 운동 방향과 주기, 하루 동안 달의 이동 방향과 각도, 달의 운동 속도(각속도) 등이 제시되어 있습니다.

횡성중학교 과학 교사인 이용준 선생님은 제시문과 자료 사진을 통한 토론(토의) 주제로 해당 수업을 마치고 '생활 속 달 이야기'를 제시하며 토론(토의) 수업을 이어 갑니다. 선생님은 한국천문연구원의 발표를 인용하여 "2015년 한가위(9월 27일) 보름달은 서울 기준 17시 50분에 뜨며, 이번 한가위 보름달은 올해 뜨는 보름달 중 가장 커다란 모습으로 보인다."고 설명합니다. 그리고 이번 추석 보름달이 슈퍼문이라는 보도자료를 화면으로 제시하며 달의 크기가 왜 다르게 보이는지 이유를 설명해 보자고 말합니다.

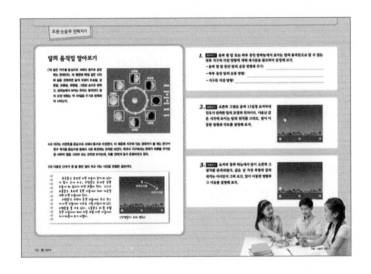

학생들은 모둠별로 그 이유를 찾아내려고 노력합니다. 토론 활동이 끝나면 선생님은 달의 공전궤도를 보여 주고 슈퍼문의 이유를 설명해 줍니다. 그리고 앞서 배운 음력 날짜별 달의 위상 변화 그림을 보여 주고 달의 이름을 말해 보도록 합니다. 더 나아가 정상적인 보름달 사진과 좌우, 상하 뒤집힌 사진과 달 뒷면 사진을 제시하면서 우리나라에서 관측할 수 있는 보름달 사진을 고르게 해 봅니다.

천문과학은 미술과도 만날 수 있습니다. 혜원 신윤복의 그림 중

달이 그려져 있는 '월야밀회', '야금모행', '정변야화', '월하정인'을 차례로 보여 주며 달밤에 등장인물들의 상황과 화가 신윤복이 말하고자 하는 메시지가 무엇이었을지 생각하고 발표하는 활동은 아주 특별합니다. 이 시간의 하이라이트인 '월하정인'을 자세히 살펴보면서 모둠별로 그림 분석하기, 그림 속 주인공의 마음 말풍선 채워보고 상황 재연해 보기를 해 본 후 그림 속 달 모양에 대해 발표해 볼 수 있습니다. 월하정인 그림 속 달에 대한 과학적 분석을 보도한 2011년 7월 02일 방송보도를 함께 보며 승정원 일기 중 정보 17년 7월 15일(1793년 8월 21일)에서 당일 날씨와 일식 기록을 확인해 보는 겁니다. 마지막으로 고등학교 모의평가 문제로 출제된 것을 살펴보고 월하정인 속 달 모양을 천문프로그램으로 시뮬레이션하며 수업을 마칩니다.

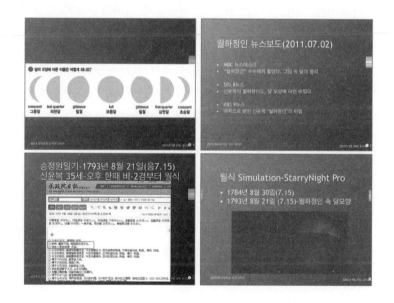

4. 탐구 활동지

오안초 5학년 과학 시간, 오늘은 선생님과 함께하는 과학상상 토론으로 시끌벅적합니다. 과학 5학년 1학기 2단원 '태양계와 별' 단원을 공부하고 나서 외계인을 상상하여 그리기로 했기 때문입니다. 앞선 시간에서는 태양계 구성원, 태양계 행성의 크기 비교, 태양계 행성까지의 거리, 우주탐사 계획 등에 대해 배웠습니다. 이번 시간에는 지금까지 배운 모든 과학 지식을 활용하고, 모둠의 상상력을 더해야 합니다. 담임교사는 과학상상 토론 주제로 '화성에 외계생명체가 산다면'을 제시했습니다. 학생들은 모둠별 토론을 한 결과를 바탕으로 화성에 살 것 같은, 살 수 있는 외계 생명체를 종이에 그려야 합니다. 교사가 제시한 화성 환경은 다음과 같습니다.

화성

- 화성 지표면은 산화철 먼지로 뒤덮여 있습니다.
- 화성의 희박한 대기는 메마르고 건조하며, 이산화탄소가 대부분을 차지합니다.
- 화성의 기압은 지구의 0.75% 수준으로 매우 약합니다.
- 화성의 중력은 지구의 약 38% 수준입니다.
- 화성의 평균 대기온도는 -23°C로 무척 춥습니다. 낮 기온은 -12°C, 밤 기온은 -76°C 정도입니다.
- 최근 연구에 따르면 화성 지하에는 미세한 수분이 존재하는 것으로 나타났습니다.
- 일부 지표면에 소금물 하천이 있는 것으로 추정하고 있습니다.

이 활동에서 중요한 것은 '왜냐하면'입니다. 어떤 생명체를 그려도 상관이 없지만, 어떤 환경에서 살아남기 위해 그런 모습을 가졌는지 설명할 수 있어야 합니다. 먹이는 어떤 것을 먹는지, 감각기관은 무엇이 있는지, 어떻게 이동하는지, 그렇게 추운 온도에서 살아남기 위해 어떤 생존 방법이 필요한지, 우주 탐사 계획과 연계해서 '지금까지 없었던 우주선 디자인하기' 활동도 가능합니다. 현재까지 발사된 대부분의 우주선은 액화수소 등을 연소시켜 추진력을 얻었습니다. 아주 예외적으로 일본이 발사한 금성 탐사선 '이카로스'는 우주 돛(세일)을 이용해 태양풍 등을 동력으로 사용했기 때문에 '우주 범선'이라 불렸습니다. 대부분의 우주선, 우주 왕복선은 엄청난 비용을 들여 지구에서 발사했습니다. 대기를 탈출하는데 굉장히 큰 추진력이 필요했기 때문에 비용도 컸습니다. 그렇다면 앞으로 우주는 어떻게 탐사하게 될까요? 어떤 우주선으로 여행하게 될까요? 과학적 지식을 바탕으로 우주선에 대한 상상력을 발휘하는 '우주상상 토론'이 충분히 가능한 대목입니다. 물론 그림으로 나타낸 결과에 대해 다른 모둠에서는 날카로운 지적을 할 수도 있습니다. 그것이 바로 과학상상 토론의 매력이니까 '비판 금지'를 명시할 필요는 없습니다.

텔레비전 광고에서 오류 찾기는 다양한 단원에서 활용할 수 있습니다. 도르래를 활용해 자동차를 쉽게 들어 큰 관심을 모은 2013년 H캐피탈 광고는 어떨까요? 도르래 단원에서는 '힘의 방향을 바꾸거나 작은 힘으로 큰 힘을 내는 장치'로 고정도르래와 움직도르래가 있다고 설명합니다. 고정도르래는 힘의 방향을 바꾸고, 움직도르래는 힘의 크기를 바꿉니다. 고정도르래는 우물의 두레박을 사용할 때 매달았던 것과 같은 도르래로 힘의 방향만 바꿔 주고 들어가는 힘은 그대로입니다. 움직도르래를 하나 사용하면 힘은 1/2이 들지만 2배를 잡아당겨야 합니다. 이런 내용을 배우고 나서 2013년 H캐피탈 광고를 보면 광고가 다르게 보입니다. 교사는 학생들을 모둠별로 앉게 한 후 이 광고를 보여 주고 과학적 오류를 찾으라는 주문을 합니다. 각 모둠별로 활발한 토론이 오가고 나서 과학적 오류를 종이에 정리합니다. 각 모둠별로 찾은 과학적 오류를 발표한 후에는 교사가 정답을 알려줍니다.

스포츠의류 N사의 광고도 과학적 오류 찾기에 활용할 곳이 많습니다. N사는 아이돌 스타를 많이 활용한 활기찬 광고, 만화적 상상력을 활용한 광고로 큰 인기를 끌었습니다. 그런데 이런 상상력 때문인지 과학적 오류를 범한 경우가 많이 있습니다. 그래서 N사의 여러 광고는 과학 수업 시간에 널리 활용되었습니다. 초등학교 5학년 1학기 과학 교과서 1단원은 '온도와 열'입니다. 이 단원에는 물질의 온도, 열의 전달, 간이 보온병 만들기 등의 내용이 담겨 있습니다. N사의 점퍼를 입은 눈사람이 녹는 광고, N사의 점퍼를 덮은 달걀에서 병아리가 태어나는 광고는 '온도와 열'을 배운 후 토론하기 좋은 광고입니다. 해당 광고를 보여 준 후 과학적 오류 찾기를 하면 굉장히 활발한 의견이 모둠 내에서 오가는 것을 확인할 수 있습니다. 교사가 학생들의 의견을 다 들은 후 광고에 담긴 과학적 오류를 몇 가지 공개하면 재미있는 반응을 볼 수 있습니다. 학생들이 평소 갖고 있던 과학에 대한 편견에 금이 가고, '생활과 과학은 분리되어 있다.'는 거부감이 많이 옅어진 것을 확인할 수 있을 것입니다.

토론은 인류가 교육을 시작한 이래로 언어적 상호작용을 통한 교수·학습 방법이었습니다. 토론은 아주 오래된 전통이고, 동서양 모두에서 행해진 중요한 교수법입니다. 그런데 오늘날 우리 교실에서 이루어지는 대다수의 수업은 교사 중심의 설명식 수업이며, 학생은 '가만히' 앉아 단순히 듣는 사람으로 전락했습니다. 학업성취도는 상위일지 모르나, 흥미도가 최하위일 수밖에 없는 이유이기도 합니다.

능동적이고 적극적인 학습 참여 활동으로 산업화 이후 지식정보화 시대에서 요구하는 사회와 소통하는 삶의 방식을 익히고 비판적 사고력을 기르는 학습 과정이 절실하게 필요합니다. 삶과 유리된 과학 교과서와 수업에 우리 학생들이 지치고 병들어 갑니다. 과학 시간에 생명, 환경, 과학사, 과학자의 삶 등과 관련된 서적을 읽도록 하고, 읽은 후 과학 글쓰기 교육을 병행하여 창의적 문제 해결력 및 의사소통 능력을 함양할 수 있도록 해야 하지 않을까요. 스팀STEAM 을 들먹이지 않더라도, 미술이나 음악과 관련된 다양한 과학적 배경 지식 자료를 통하여 과학에 대한 흥미와 호기심을 유발하고 우리의 삶과 밀접한 상호 관련성을 깨달음의 기회를 갖도록 해야 할 것입니다. 학생들의 상호작용이 더욱 활발하게 이루어지도록 협력학습, 토론 학습이 더욱 강화 실천되어야 하며, 특히 최신 뉴스를 수업에 적극 도입하여야 합니다. 바로 어제 일어났던 일이 오늘을 사는 우리에게 어떤 영향을 끼치며 우리는 무엇을 준비해야 하는가를 느끼고 공유한다면 학교교육 바로 세우기가 한 발 더 나아갈 것입니다.

11

다양한 선택지에서
: 모서리 토론

　나와 같은 생각을 가진 사람과 이야기를 나누었을 때를 떠올려
봅니다. 이때 나의 기분의 어떠한가요? 서로의 생각이 비슷하기 때
문에 즐거운 마음으로 공감하고 이야기 시간이 참 재미있다고 느
낄 것입니다. 이러한 즐거움을 느낄 수 있는 토론이 모서리 토론입
니다. 모서리 토론은 하나의 논제에 대해 몇 가지 모서리(입장)를 만
들고, 각 모서리의 근거를 모아 다른 모서리를 설득한 후 최종적으
로 모서리 하나를 선택합니다. 모서리 토론의 과정 속에서 상대방
의견을 경청하는 자세, 남을 설득하기 위한 근거 제시의 중요성, 무
언가를 선택해야 할 때 합리적으로 선택하는 방법, 다른 의견에 대
한 차이를 존중하는 자세를 자연스럽게 알게 됩니다.

대관령 양 떼 목장이 떠오르는 강원도 평창의 한 고등학교. 이곳 학생들은 창의적 체험활동 시간과 미적분 수업 시간에 모서리 토론을 나누었습니다. 일반적으로 건물의 모서리는 네 개입니다. '모서리 토론'은 건물의 네 모서리를 활용하여 선택지 네 개를 마련합니다. 준비물은 필기도구와 활동지 또는 붙이는 메모지가 전부입니다. 교사는 논제를 제시하고, 네 가지의 선택지를 제시했습니다.*
토론에 참여한 학생들은 모서리 하나를 선택하고 선택한 이유(근거)를 적습니다. 그리고 같은 모서리를 선택한 사람들끼리 한 곳에 모입니다. 한 모서리에 모인 학생들과 자신이 이 모서리를 선택한 이유를 발표하고 토론하여 근거를 강화합니다. 모둠별 토론이 끝나면 각 모서리의 서기는 모서리의 근거를 기록해 놓았다가 사람들 앞에서 결과를 발표합니다. 발표를 다 들은 사람들은 다른 모둠에게 질문, 반론을 제시할 수 있습니다. 이때 각 모서리에 앉은 사람들은 번갈아 가며 다른 모둠의 질문과 반론에 대해 답을 하면 모두가 참여할 수 있습니다. 모서리 토론이 끝나면 모든 토론자는 여러 모서리를 최종 선택할 수 있습니다.**

고등학교 교육과정에서 모서리 토론을 활용할 곳은 다양합니다. 창의적 체험활동 중 자율 활동 시간에서는 체험활동 장소 정하기, 학교에서 휴대전화 사용 범위 등을 결정할 수 있습니다. '직업 선택

---

* 모서리는 보통 4개가 적당하며 그 이상 이하도 가능하다. 모서리는 교사가 미리 만들어 제시하거나 학생들과 함께 현장에서 만든다.
** 보통 특별한 계기가 있지 않으면 한 번 입장을 선택한 토론자는 다른 모서리로 자리를 옮기지 않는다. 그만큼 첫 선택이 미치는 영향이 크다는 의미이다. 토론을 할 때 입장 결정 전에 충분히 다른 입장을 고려하고 신중하게 판단해야 한다는 것을 보여 주는 상황이기도 하다.

의 조건'과 같은 진로 교육, '대학 입시의 인성 평가' 같은 정책 토론도 가능합니다. 수학 수업 시간에는 고등학교 수학의 미적분 교육과정, 고등학교 수학 평가에서 어려운 수학 문제 출제 범위를 토론해 볼 수도 있습니다.

창의적 체험활동 중 자율 활동 시간에 토론한 '체험활동 장소 정하기'와 수학 수업 미적분 시간에 토론한 '고등학교 수학의 미적분 교육과정' 수업을 어떻게 했을까요? 평창고 한 학급에서는 학생들에게 학급 체험활동 장소를 추천 받아 토론을 통해 장소를 결정했습니다. 후보지로는 바위공원, 학교, 문화센터, 남산, 장암산, 종합운동장, 종부다리 밑 등 7개의 장소가 추천되었고, 그중 체험 가능한 장소 4곳을 선택했습니다. 학생들은 바위공원, 종합운동장, 종부다리 밑, 학교 등 네 곳의 모서리 중 '체험학습을 하면 좋을 장소'를 골라 자리에 앉았습니다. 학생들은 그곳을 선택한 이유를 간단히 쓴 후 같은 모서리를 선택한 친구들과 이유를 나누었습니다. 바위공원을 선택한 학생은 1명, 종합운동장 11명, 종부다리 밑 4명, 그리고 학교는 10명이나 되었습니다. 바위공원은 선택자가 한 명밖에 없어서 '학교' 모서리와 함께 토론을 했답니다.

종합운동장을 현장체험학습 장소로 결정하자는 의견은 다양했습니다. 종합운동장 모서리에 앉은 학생들은 ▶새로운 장소에서 숨바꼭질을 하는 것도 좋을 거 같고, 뛰면서 무언가에 부딪히지 않고 안전하게 놀기에 편할 것 같다. ▶새로운 장소에서 놀고 싶다. ▶사람이 별로 안 올 거 같고 넓어서 할 것이 많을 것 같다. ▶바위공원은 강이 있기 때문에 좁지만 종합운동장은 넓다. ▶떠들 수 있고 비나

▲ 다른 토론처럼 모서리 토론도 기록하기가 중요하다. 모둠별 토론에서 나온 이야기를 꼼꼼하게 기록해야 발표와 질의응답 단계에 순조롭게 참가할 수 있다.

▼ 모서리 토론 중인 평창고 학생들. 본격적인 모서리 토론에 앞서 메모지에 기록한 내용을 발표 중이다.

햇빛을 피할 수 있으며 근처에 매점이 있다. ▶학교는 3학년 모의고사로 여러 가지 제약이 있다. ▶기숙사와 학교 근처에 사는 몇 명을 제외하고는 학교나 종합운동장이나 비슷한 거리다. ▶소풍인데 학교에 있는 건 안 된다. ▶종합운동장 근처에 꽃밭이 있다. ▶농구, 축구 등 다양한 체육활동을 할 수 있다. 등을 이유로 제시했습니다.

'종부다리 밑'을 선택한 학생들은 ▶그늘이 있다. ▶풋살장이 있다. ▶동물원이 아닌데 뱀이 있다. 등의 이유를 제시했습니다.

'학교'를 선택한 학생들은 ▶가깝다. ▶바람과 햇빛을 피할 수 있다. ▶천장이 있다. ▶모이기 쉽다. ▶컴퓨터와 스크린이 있다. ▶운동장과 우리 교실이 있다. ▶건물 안에서 놀 수 있다. ▶익숙한 장소다. 등을 선택의 근거로 밝혔습니다.

모서리 서기가 발표를 하고 다른 모서리는 질문과 반론을 제시했습니다. 주로 종합운동장과 학교를 선택한 학생들 사이에서 치열한 질문과 반론이 이뤄졌습니다. 그리고 마침내 체험활동 장소를 최종 선택하였습니다. 결과는 종합운동장이 13명, 학교 12명, 종부다리 밑은 1명이었습니다. 종부다리 밑을 선택했던 4명의 학생 중 3명이 종합운동장 2명, 학교 1명으로 선택지를 바꿨습니다. 이렇게 현장 체험학습 장소가 종합운동장으로 최종 결정되었지만 학생들 반응이 참 재미있었습니다. 이 토론에 참여한 학생들은 "새로운 방법으로 체험활동 장소를 선택하여 재미있고 유익하고 신선하다.", "친구들의 생각을 잘 알 수 있었고, 싸우지 않고 장소를 정해서 좋았다.", "의견을 쉽게 모을 수 있었고, 친구들의 의견을 다 들어 볼 수 있어 좋다.", "다른 생각을 가진 친구들의 생각과 이유를 알게 되어 좋았다.", "의견이 빨리 모아졌고, 선택이 쉬웠다."라며 자신의 모서리가 최종 선택되었는지의 여부와 관계없이 모서리 토론을 통해 체험활동 장소를 결정하는 과정을 긍정적으로 평가하였습니다. 서로 다른 생각을 들어 보고 더 나은 선택을 하기 위해 서로 배려하는 방법을 자연스럽게 알게 된 시간을 가졌다고 생각했습니다.

고등학교 수학 교육과정은 초기 교육과정부터 지금까지 많은 부분 축소가 되었지만, 여전히 '미적분을 줄이거나 없애자.'라는 주장이 제기되고 있습니다. 이러한 주장에 대해 미적분을 배우고 있는 고등학교 2학년 이과반 학생들과 모서리 토론을 해 보았습니다. 토론자는 2학년 1학기에 미적분I을 배웠고, 2학기 현재는 미적분II를 학습 중인 평창의 일반계 고교 학생들이었습니다. 먼저 논제와 관련한 신문기사를 읽은 후 논제를 교사가 제시하고 모서리 4가지를 학생들이 정하도록 하였습니다. 그 결과 ① 미적분을 교과서에서 없애야 한다. ② 미적분 교육과정을 축소해야 한다. ③ 미적분 교육과정을 현재와 동일하게 유지한다. ④ 미적분 교육과정을 더 늘려야 한다. 등 네 가지 선택지가 나왔습니다.

첫 번째 모서리인 "미적분을 교과서에서 없애야 한다."는 주장의 토론자 한 명은 수업 시간에 매일 잠을 자는 학생으로, 본인의 의견을 표시한 후 다시 잠을 자기 때문에 이후 절차부터는 참여하지 않았습니다. 두 번째 모서리 "미적분 교육과정을 축소해야 한다."를 선택한 토론자는 너무 많았기 때문에 절반으로 나누어 이후 활동을 진행하였습니다. 토론자는 같은 모서리로 이동하여 자신의 근거를 발표한 후, 모서리의 근거를 강화하기 위해 모서리 내 토론을 한 후 기록을 한 토론자가 발표를 했습니다.

두 번째 모서리 "미적분 교육과정을 축소해야 한다."에서 나온 근거는 매우 풍부했습니다.

① 이과에는 수학을 배우려고 온 학생보다 과학 쪽으로 가려는 학생이 더 많은 비중을 차지하기 때문에 기본만 익히고 대학에 진학하여도 충분하다.

② 지금 이과생들이 미적분을 어려워하는데 학습량이 많으니까 수학을 포기하게 된다. 학생들의 짐을 덜어 주었으면 좋겠다.

③ 우리가 학습하기에 수준이 너무 높아 이해도가 떨어지고, 축소했다고 하지만 아직까지도 많은 내용을 배우고 있다.

④ 전혀 배우지 않는 것은 너무 극단적이라 생각하며, 대학에서도 배우기 때문에 고등학교 때 개념 원리 정도를 배우고 대학에 진학하면 더 쉽게 배울 수 있을 것이다.

⑤ 삼각함수는 대학교 수준이며 교육과정 분량이 많아 이미 배운 미적분I을 잊기 쉽다.

⑥ 미적분을 대학교 1학년 때도 배우는데 한 학기동안 빨리 끝내기 힘들고 이해하기 어렵다.

⑦ 배워도 사회생활에 쓸모가 없다.

세 번째 모서리 "미적분 교육과정을 현재와 동일하게 유지한다."의 근거는 미적분 삭제 또는 축소에 비해서도 모자라지 않았습니다.

① 이미 많은 변화를 겪었고 축소해 온 미적분인데 여기에서 또 변화를 만들어 봐야 불만은 또 생기기 마련이다.

② 교육과정 변동이 심한 만큼 중심을 지켜야 한다.

③ 미적분은 대학교육과정에서 빠질 수 없기에 고교 현행 학습을 유지해야 한다.

④ 수학은 기본 중의 기본이다.

⑤ 대학에 들어가면 미적분을 할 시간이 없을 수 있다.

⑥ 어느 정도 기본 지식이 필요하다.

⑦ 이과에서는 공대로 많이 빠지고 공대에서는 미적분이 필요하다.

⑧ 예습의 차원에서 대학 가서도 꼭 필요하다.

⑨ 넓은 범위까지 확장은 필요 없고 지금이 적당하다. 대학에 들어가려면 어느 정도 지식을 갖춰야 한다.

⑩ 대부분의 이과생들은 공대를 진학하는데, 예습하듯이 미적분을 미리 한다고 해서 나쁠 것 같지 않다. 다만 너무 지나친 범위까진 확장하지 않는 한에서 지금 교육과정을 계속 이행하는 것이 좋다.

모서리 토론 특유의 질문과 토론 과정을 거쳐 최종 결정을 한 결과는 ①"미적분을 교과서에서 없애야 한다." 1명 ②"미적분 교육과정을 축소해야 한다." 18명 ③"미적분 교육과정을 현재와 동일하게 유지한다." 7명 ④"미적분 교육과정을 더 늘려야 한다." 0명이 나왔습니다.

최종 선택 결과는 초기 선택 결과와는 변화가 없습니다. 인원수 뿐만 아니라 학생 선택의 변화도 없었습니다. 학생들이 수학을 많이 어려워하고 부담을 느끼고 있다는 것을 다시 한 번 알게 되는 가슴 아픈 시간이었습니다. 하지만 토론 과정 속에서 "미적분 교육과정에 대해 알게 되었다.", "이 활동을 통해 왜, 어떻게 공부를 해야 하는지 생각해 보았다.", " 아무 생각 없이 배우던 미적분에 대해 진지하게 생각해 보는 시간이라 좋았고 더 좋은 방안이 생겨 모두 다 부담 없이 미적분을 배울 수 있었으면 좋겠다.", "어렵게 생각하는 미적분 을 이런 다른 생각들을 서로 가지고 토론을 해 보니 미적분의 필요 성과 축소나 현행하는 것에 대해 생각할 수 있어 좋았다.", "여러 방 면에서 생각해 볼 수 있는 계기가 되었고 좀 더 많은 대안들이 나 왔으면 좋겠다.", "공대에서 필요하다는 것을 알게 되어 어렵지만 포 기하지 않고 열심히 해야겠다.", "미적분의 범위를 다시 생각하게 된다."라는 학생들의 소감을 읽으니 토론 활동을 한 1시간이란 시간 이 결코 의미 없는 시간이 아니었음을 깨달았습니다.

초등학교에서는 모서리 토론을 더욱 유용하게 활용할 수 있습 니다. 모서리 토론을 거치면 근거가 풍부해지고 정보가 많이 모이 기 때문에 본격적인 토론을 할 때 사전 토론으로 활용하면 좋습 니다. 실제로 초등학교 5학년 2학기, 6학년에 다수 소개되는 찬반 토론을 할 때에 학생들은 굉장히 어려워합니다. 자신의 주장을 뒷 받침할 분명한 근거를 3~4가지 제시하는 것을 어려워하는 편입 니다. 그래서 찬반 토론에 앞서 모서리 토론같이 정보교환을 할 수 있는 방법을 먼저 적용하면 한결 찬반 토론이 편안해집니다.

모서리 토론이 널리 활용되는 것은 진로 교육입니다. 예를 들어, 초등학교 6학년 실과 진로 단원에서 직업 선택의 가장 중요한 기준을 꼽을 때 모서리 토론을 활용할 수 있습니다. ① 충분한 보수 ② 직업 안정성 ③ 잘하는 일 ④ 좋아하는 일 등 네 가지로 선택지를 고른다고 해 봅시다. 학생들은 자신이 생각하는 기준을 선택할 겁니다. 그런데 초등학생의 경우 '좋아하는 일을 직업으로 삼아야 한다.'고 생각하는 경우가 절대적으로 많습니다. 이것이 바로 축구선수가 꿈인 초등학생이 축구를 잘 못하는 경우를 흔히 볼 수 있는 이유입니다. 그런데 모서리 토론을 통해 직업 선택에서 '좋아하는 일' 이외에도 다른 요소도 굉장히 중요하다는 것을 알게 됩니다. 그럼 진로에 대한 이해가 넓어지고, 고민의 깊이도 깊어지게 됩니다.

한 번 모서리를 선택하고 최종 선택에서 바꾸는 경우는 많이 생기지 않습니다. 대부분은 자신이 처음에 선택한 모서리를 최종 선택합니다. 모서리 토론을 하는 이유는 선택을 바꾸는 결과에 초점을 두지 않습니다. 선택을 위해 의견을 모으고 발표하면서 생각하는 힘을 기르고, 다른 의견에 경청하고, 나의 주장을 타당한 근거를 들어 논리적으로 말하고, 다른 사람 앞에서 발표를 할 때 목소리와 말투가 중요함을 아는 것. 그리고 나와 같은 의견뿐만 아니라 다른 의견을 듣고 수용하여 서로가 다름을 알고 더 나은 선택을 하기 위해 배려하고 존중하는 자세를 배우는 토론 과정이 바로 모서리 토론의 강점입니다.

〈모서리 토론 활동지〉

논제 :	
모서리 제시 및 선택하기	네 가지 선택지 중에서 한 가지를 선택하고 그 이유(근거)를 적는다. 나의 모서리(선택) 나의 이유(근거)
모서리 이동 및 토론 근거 강화하기	같은 모서리를 선택한 토론자들과 한 곳에 모인다. 각자 모서리 선택 이유 (근거)를 발표하고 토론하여 나의 모서리의 근거를 강화한다. 우리 모서리 토론자의 의견(근거)
모서리 대표 발표 및 전체 토론	각 모서리의 대표는 의견을 종합하여 발표한다. 이때 듣는 이는 근거의 타 당성을 판단하여 적는다. <table><tr><td>모서리</td><td>타당성 판단(이유)</td><td>점수</td></tr><tr><td></td><td></td><td></td></tr><tr><td></td><td></td><td></td></tr><tr><td></td><td></td><td></td></tr></table> 질문 또는 반론
모서리 최종 선택하기	<table><tr><td>나의 최종 선택</td><td>이유</td></tr></table>
활동 소감	

※ 활동지 없이, 포스트잇에 모서리 선택 근거(이유)를 각자 적고 이 포스트잇을 모아 전체 발표를 하여도 된다.

12

교실에서 독서 토론 하기

공부를 잘하는 사람은 대부분 독서광입니다. 독서는 지식과 정보를 얻는 중요한 학습 방법이며 공부를 잘할 수 있는 첫걸음입니다. 특히 변화가 빠른 현대사회에서 살아있는 다양한 지식과 정보를 얻을 수 있는 좋은 방법이 독서입니다. 혼자만의 독서가 아니라 책을 읽고 토론을 하면 훨씬 더 다양한 관점에서 책의 내용을 소화할 수 있습니다. 자신의 견해에 살을 붙이고 뺄 수 있는 토론은 배움의 과정을 창조하는 것이기 때문입니다.

산업시대에는 문자를 배워 기계를 다루는 능력이 중요했습니다. 이 시대는 지식의 습득이 절실히 필요했기 때문입니다. 설명서를 암기하여 공장의 기계를 돌리는 능력이 핵심이었습니다. 그런데 지식

정보화 시대로 넘어오면서 사회에서 필요로 하는 능력이 바뀌었습니다. 단순히 암기하는 것보다 지식을 표현할 수 있는 것이 중요해졌습니다. 뇌 속에 파묻혀 있는 것을 표현하고, 설명하고 함께 이야기하면서 배우는 시대가 된 것입니다. 책도 그냥 읽을 것이 아니라, 읽은 후에 다양한 방법으로 표현하며 자신만의 예술과 정보로 만들어야 합니다. 그 방법의 하나로 독서 토론을 해 보도록 합시다.

수많은 책 중에 "어떤 책을 선정할 것인가?"는 아주 고민스러운 일입니다. 먼저 한 해의 토론 주제를 선정하고 그에 맞는 책을 선택하는 것이 좀 더 효율적인 방법입니다. 책의 선정은 공부, 성장, 문학, 역사, 철학, 예술과 과학의 분야에서 학생들의 수준에 맞는 것을 골라 독후 활동과 독서 토론을 합니다.

한국출판문화산업진흥원(http://www.kpipa.or.kr)의 '자료 공간'의 '청소년 권장도서'에 매월 전문가들이 선정한 좋은 책들이 소개되고 있습니다. 이 사이트를 검색하면 각 학급과 학년에 맞게 교사가 책을 쉽게 선정할 수 있습니다. 이 책에서는 『청소년을 위한 사회문화 에세이』와 『논어 쿵푸스』를 예로 들어 독서 토론을 설명하겠습니다.

독서 토론 할 책을 선정했다면 교사는 이를 자세히 여러 번 읽고 활동 계획을 세워야 합니다. 이때 교사는 지식을 학생에게 전달하는 것이 아니라, 지식과 정보를 활용하는 안내자의 역할을 해야 합니다. 학생들이 다양한 방법으로 책을 활용할 수 있도록 사전에 계획하고 실행하는 것이 독서 토론에서 교사의 가장 큰 역할입니다.

독서 토론을 할 때에는 먼저 책의 내용을 쉽게 접할 수 있는 협력적 교실 토론과 북아트 등의 사전 활동을 하는 것이 좋습니다. 이후에 이야기식 토론을 하거나 책에서 논제를 선정하여 찬반 토론을 하는 것을 추천합니다.

독서 토론을 본격적으로 하기 전에 책의 주요 개념과 내용을 먼저 간단히 '브레인 라이팅 토론'과 '북아트 활동'으로 접해 볼 수 있도록 하면 좋습니다. 토론의 부담을 덜고 책의 내용을 발표하는 비경쟁 토론과 놀이로 간단하게 워밍업을 할 수 있습니다.

브레인 라이팅 토론은 참여하는 전원이 자신의 의견을 내어 자유롭게 적어 보는 방식입니다. 이때 모둠에서 토론을 통해 기준을 정하여 의견을 분류합니다. 북아트는 그 자체로 미술 활동이며 작품이 됩니다. 북아트는 독후 활동의 재미를 더할 수 있습니다. 또한 학생들이 만든 작품을 전시하면 상당한 효과도 있습니다. 두 활동 다 작품을 게시하고 발표하는 방식을 따릅니다.

1. 브레인 라이팅 토론

- 대상 도서: 『논어 쿵푸스』(도서출판 단비)
- 주제: 효도-노인 문제와 해결 방법
- 순서
  ① 4~5명 씩 모둠을 나눈다.
  ② 개인의 의견을 3개 이상 자유롭게 포스트잇에 적는다.
  ③ 모둠원이 토의하여 분류의 기준을 설정하고 포스트잇을 범주에 맞게 분류한다.
  ④ 포스트잇을 A3나 B4에 붙여서 발표를 한다.

2. 북아트(book art)

- 대상 도서: 『청소년을 위한 사회문화 에세이』(해냄출판사)
- 주제: GMO식품 표시제를 할 것인가?
- 준비물: 색상지, 백지, 컬러펜, 풀, 관련 신문 기사

  ① 개인이 백지에 GMO식품 표시제의 설명과 의견을 북아트로 만든다.

  ② 북아트를 백색 전지에 붙이고 자신의 작품을 설명한다.

이야기식 독서 토론은 10~15명 이내의 인원이 참여하면 좋은 독서 토론 방법입니다. 소요 시간은 대략 40분 내외가 되지만, 늘리거나 줄일 수 있습니다. 이야기식 토론을 하기 위해서는 '토론을 위한 발문'을 준비해야 합니다. 형식은 의자에 자유롭게 앉아 사회자가 진행하는 발문을 따라 자연스럽게 대화를 하면서 토론을 하는 방식을 취합니다. 이때 사회자는 참여자가 토론에 고르게 참여할 수 있도록 적절하게 발문을 해야 합니다. 독서 토론의 발문은 단순히 지식을 묻고 답하는 퀴즈의 형식이 아니라, 스스로 정보를 찾고 탐구하는 방식으로 해야 합니다. 토론에서 학습 효과를 올리려면 토론자의 수준을 잘 판단해야 합니다. 적절한 수준의 발문에서 단계별로 올라가면 좋은 효과를 얻을 수 있습니다.

① 토론을 여는 발문

사회자가 토론자들 각자의 소개와 참여하는 동기를 들으면서 시작합니다. 소개가 끝난 후 책의 전반적인 내용을 포함하고 있는 주

▲▲ 황석범 교사의 안내로 독서 토론 중인 학생들. 원탁을 찾기 어려운 학교에서는 네모 형태로 좌석을 배열하여 토론을 할 수 있다.

▲ 『논어 쿵푸스』로 독서 토론을 위해 생각을 정리 중인 학생들. 생각에 살을 붙이는 토론을 하기 위해서는 자신의 생각을 정리하는 것이 먼저이다.

▼ 브레인 라이팅 토론 중인 학생들. 토론에 참여하는 사람들이 자신의 의견을 내어 자유롭게 적은 후 모둠에서 기준을 정하여 의견을 분류한다.

제를 간략하게 대답하는 것으로 이어지면 됩니다. 이때는 책을 읽지 않아도 충분히 대답할 수 있는 발문으로 합니다.

『논어 쿵푸스』

▶우리가 학교에서 열심히 공부하는 이유는 무엇인가요?

▶자신이 가장 좋아하는 친구를 한번 소개해 볼까요?

▶여러분에게 성공은 어떤 의미인가요?

『청소년을 위한 사회문화 에세이』

▶우리가 사용하는 통계는 어떤 것들이 있나요?

▶우리나라 청소년들이 가장 많이 고민하고 있는 것은 무엇일까요?

▶주변에서 통계를 사용하는 예를 하나씩 들어 볼까요?

② 토론에 들어가는 발문

(찬반 토론을 한다고 했을 때) 본격적으로 토론을 진행하며 심사위원은 채점을 합니다. 발문은 독서를 기초로 책 내용을 확인하는 질문, 개인과 사회 문제를 해결하기 위한 토의, 사회적 쟁점이 있는 찬반 토론을 시작합니다. 책의 내용을 잘 파악하고 공부할 수 있는 찬반 토론을 잘하기 위해서는 주장과 근거를 제시해야 합니다. 즉 자신의 발언에 책임을 져야 한다는 것입니다.

논어 쿵푸스로 찬반 토론을 한다면, '공부는 성공한 미래를 보장한다.' 또는 '창의력을 키우기 위해 예체능 수업을 확대해야 한다.'와 같은 논제를 마련할 수 있습니다. 이때 찬성 측은 ▶자신의 주장이 얼마나 중대한가? ▶효과가 있는가? ▶이익이 있는가? 등을 증명해야 합니다. 반대 측은 이에 맞서 ▶부작용이 있는가? ▶불이익이 있는가? ▶더 좋은 대안은 없는가? 등을 설득하게 됩니다.

예를 들어, '공부는 성공한 미래를 보장한다.'라는 논제로 찬반 토론을 한다면 찬성 측은 공부가 왜 미래를 보장하는 가장 중대한 방법인지, 공부가 성공한 미래와 어떤 관련이 있는지, 공부에 집중할 때 이익이 불이익(기회비용)보다 많은지 등을 증명해야 합니다. 이에 맞서 반대 측은 공부에 집중했을 때 성공한 미래를 향하는데 어떤 부작용이 있는지, 불이익이 왜 이익보다 많을지, 공부 이외의 더 좋은 대안은 없는지 등을 검토해야 합니다.

『논어 쿵푸스』

▶책에 백아절현伯牙絕絃, 지음知音이 나옵니다. 무엇을 설명하고 있나요?

▶선물은 이 사회를 부드럽게 합니다. 선물을 받으면 기분이 어떤가요?

지나친 선물은 뇌물이라고 합니다. 뇌물의 문제점은 무엇입니까?

▶지식정보화시대라고 합니다.

지식정보화시대에 여러분이 갖춰야 할 소양과 능력은 무엇인가요?

▶찬반 토론을 하겠습니다. 논제는 "개성을 살리기 위해 교복을 자율화해야 한다."입니다.

▶즐겁고 재미있게 공부했던 경험이 있으면 말해 볼까요?

그 이유는 무엇인가요?

『청소년을 위한 사회문화 에세이』

　▶우리나라 청소년들이 가장 많이 고민하고 있는 것은 무엇일까요?

　▶주변에서 통계를 사용하는 예를 하나씩 들어볼까요?

　▶우리나라의 인구는 계속 감소하고 있습니다. 어떤 문제들이 나타날까요?

　저출산율이 지속되는 원인은 무엇이라 생각하십니까?

　저출산율을 해결할 수 있는 방안을 제시해 보세요.

　▶현대사회는 전통사회와 달리 다양한 가족 형태가 있습니다. 설명해 볼까요?

　동성이 만드는 가족은 어떻게 생각합니까?

　▶찬반 토론을 해 보겠습니다. 지금 우리나라의 경제가 대단히 좋지 않습니다. "기업의 생산성을 위해 대체휴일제를 폐지해야 한다."라는 논제에 자유롭게 찬성과 반대 의견을 발표해 주세요.

③ 토론을 마무리 하는 발문

독서 토론을 갈무리하면서 최종 마무리 발언을 하고 참가자 각자의 소감을 듣도록 합니다.

『논어 쿵푸스』

　▶학교 공부는 재미있나요?

　학교 공부를 재미있게 공부할 수 있는 방법을 이야기해 볼까요?

　▶오늘 논어 쿵푸스로 독서 토론을 하였습니다. 할 만했나요? 각자의 소감을 발표해 봅시다.

▶이상으로 토론을 마치겠습니다.

『청소년을 위한 사회문화 에세이』

▶지금까지 독서 토론을 한 여러분께 고마움을 전합니다. 다함께 박수 한번 쳐 주시죠. 이번 토론을 통해 느낀 점이나 배운 점을 간단히 자유롭게 발표해 보겠습니다.

▶책에서 "교양 있는 사회 구성원이라면 서로 다른 삶을 응원하고 보듬어 주는 태도를 가져야 한다."라는 말이 가장 기억에 남습니다. 오늘의 독서 토론이 화이부동和而不同이라는 말처럼 다름과 차이를 인정하는 성숙한 사회를 만드는 첫걸음이라 생각합니다. 고맙습니다.

④ 찬반대립 토론

현재 사회에서 치열하게 쟁점이 되고 있는 문제를 책의 내용과 결합하여 토론의 논제로 만들 수 있습니다. 이는 독서 토론의 최고의 능력이 발휘되는 것이라 할 수 있습니다. 하나의 주제에 상반되는 견해를 주고받는 과정에서 독서한 책의 내용을 보다 깊이 이해할 수 있습니다.

독서 토론에서도 모의 국회, 퍼블릭 포럼, CEDA 등의 2:2, 3:3, 4:4의 단체 토론으로 고도의 두뇌 활동을 할 수 있습니다. 책의 내용을 토대로 입론서를 작성하면 훌륭한 논술문이 될 것입니다. 긴박한 토론 과정에서 생동감 있는 논리를 만들고 반박을 위한 답변을 하려면 독서한 책의 내용을 자연스럽게 활용하게 됩니다.

독서 토론의 평가는 다양한 방법으로 할 수 있지만, 다음의 평가가 필수적으로 있었으면 합니다. 우리는 ▶독서를 정확히 했는가? ▶책의 내용을 충분히 이해하고 이를 자신의 것으로 소화했는가? ▶개인의 삶에 나타나는 문제에 접목을 잘하고 있는가? ▶현 사회에서 대립하는 다양한 문제를 해결하는 데 책의 내용을 잘 활용하고 있는가? 등이 중점적으로 평가할 부분입니다.

토론을 다 마치면 참가한 전체 학생들에게 소감을 들어 보는 것이 좋습니다. 물론 인원이 너무 많지 않다는 전제 하에 드리는 말씀입니다. 이때에도 ▶토론을 통해 새롭게 배운 관점이 무엇이 있는가? ▶앞으로 더욱 발전시켜야 할 부분이 무엇인가? ▶이 사회의 발전을 위해 어떻게 공부할 것인가? 등의 소감을 들어 보면 좋습니다. 특히 자신이 배운 부분이 있으면 칭찬하고, 새로운 지식과 정보를 배워 고마운 부분이 있으면 역시 고마움을 표현할 수 있도록 안내하면 됩니다.

마지막으로 교사는 전체적인 강평으로 "경청을 잘한다.", "주변 지식이 풍부하다.", "논리 전개를 잘한다." 등의 각 사람의 뛰어난 장점을 이야기해 주어야 합니다. 토론의 과정에서 좀 더 깊은 이야기가 필요한 부분, 지식으로 보충하고 관련된 책과 자료를 소개하는 등의 활동을 하면 안내자로서 충분합니다.

13

승패 없는 토론
: 협상 토론

지는 것이 이기는 것이라는 말, 과연 학생들도 그렇게 생각할까요? 지면 기분 나쁘고, 내가 틀린 것 같고, 하루 동안 분한 마음이 풀리지 않는 학생들이 더 많습니다. 억지를 써서라도, 지는 것보다 이기는 것에 쾌감을 느끼기는 하지만, 머리가 큰 아이들은 승패를 떠나서 서로의 요구를 인식하고 공감해 주면서 조율하는 과정을 통해 더 큰 성취감을 얻습니다. 이때 비로소 내가 인정받고 있음에 대한 만족감과 상대에 대한 공감 지수, 배려가 샘솟게 됩니다.

교사와 학생 사이의 얼룩진 관계를 피하기 위해서는 학교 규칙에 앞서는 더 중요한 요소가 있습니다. 바로 상황 파악력과 문제 해결력입니다. 상황을 파악하고 문제를 해결하는 능력이 없는 교사는 학생들과 작은 실랑이를 끊임없이 반복하고, 결국 학생과 교사 둘 다 지치는 극단적인 상황을 만나게 됩니다. 때로는 '네 인생 네가 살아라.' 식의 무관심으로 교사가 대처할 수도 있습니다. 그러나 교사의 무관심은 학생을 더 외롭게 만들 뿐입니다. 대립보다는 협력이 필요한 교실, 그곳에서 학생이 원하는 해답, 그러나 학생의 도리와 교사의 교육 방침에 어긋나지 않는 결정적인 토론 한마당이 학생과 교사의 관계를 돈독히 만들어 주는 협상의 매개체가 될 수 있을 것입니다.

사람들은 '개인과 가정이 행복해지기 위해 가정과 사회의 관계가 강조된다.', '가정의 사회적 역할이 점점 중요해지고 있다.'고 말합니다. 인간관계는 갈등, 화해, 대화 등을 동반합니다. 관계를 중시하는 오늘날의 사회에서 토론은 어떤 의미를 가질까요? 많은 사람들은 갈등 상황을 풀어 갈 합리적 해결방법이나 올바른 의사소통에 대한 갈증을 한 번쯤은 느끼고 있습니다. 여기 사람이 가치 판단의 기준을 갖고 조화롭게 문제를 해결하는 과정을 다루고, 다른 사람과 더불어 살아가는 사회의 구성원으로서 실천하는 응용력을 키우는 것에 관심을 갖는 교과가 있습니다. 초등학교의 실과, 중·고등학교의 기술·가정 교과가 그렇습니다. 기술·가정 과목은 인간관계에서 발생하는 문제를 여러 각도에서, 다양한 시각으로 바라보도록 교육하는 것에 관심을 두고 있으므로 토론 수업에 매우 적합합니다.

협상 토론이란, 교육적으로 '이익과 갈등을 인식한 둘 이상의 주체들이 이를 해결할 의사를 가지고 모여서 합의에 이르기 위해 대안을 조정하고 구성하는 공동의 의사 결정'으로 정의 내릴 수 있습니다. 여기에서는 다양한 토론 방법 가운데, 공존하는 윈-윈win-win 게임인 협상 토론을 교과에 적용해 보고자 합니다.

협상 토론은 중·고등학교에서 유용하지만 초등학교에서도 역시 널리 사용할 수 있습니다. 예를 들어, 사회과나 도덕과에서는 다양한 가치 갈등, 정책 갈등을 조정하는 방법으로 협상 토론을 사용할 수 있습니다. 초등학교 5학년 1학기 사회 교과서에는 철로를 내기 위해 터널 공사를 해야 한다는 입장과 반대하는 입장이 수록되어 있습니다. 노무현 정부 당시 논란이 되었던 KTX 노선 중 경남 양산의 천성산 터널이 떠오르는 대목입니다. 터널 공사 당시 지율스님이 천성산 터널 공사를 막기 위해 100일이 넘게 단식 농성을 하고, 시민사회단체 등이 반대 캠페인에 나서 사회적으로 큰 이슈가 되었던 곳입니다.* 교과서에 이런 차시, 단원이 마련된 것은 환경 문제가 사회적으로 큰 갈등을 빚고 있기 때문입니다. 환경에 대한 인식이 바뀌면서, 예전과 달리 환경을 파괴하더라도 개발해야 한다는 '개발주의'에 일정한 제동이 걸리고 있습니다. 당연히 각 지역에서 합리적, 민주적으로 이런 사안을 해결할 수 있도록 교육과정이 바뀐 것입니다.

---

* 비슷한 사례로 새만금 갯벌 간척지를 들 수 있다. 새만금은 세계 3대 갯벌이라고 불릴 만큼 명성과 가치가 높았다. 그러나 노태우 정부는 농지, 공단을 조성하기 위해 새만금에 간척사업을 시행했다. 규모면에서 당대 최대 규모였던 만큼 환경 파괴 논란이 끊임없이 일었다. 김영삼 정부, 김대중 정부 당시에도 논란이 빚어졌지만 가장 큰 논란은 노무현 정부 초기에 빚어졌다. 이미 엄청난 금액이 투입되어 노무현 정부 초기 산출 기준으로 매몰비용이 10조 원에 달했다. 노무현 정부는 '환경파괴와 사업의 문제점을 인정하지만, 매몰비용이 너무 커서 어쩔 수 없이 새만금 간척사업을 추진할 수밖에 없다.'고 입장을 정리했다.

오안초등학교에서는 천성산 터널과 관련된 찬성, 반대 측 신문 기사를 읽은 후 '두 마음 토론'을 세 명씩 짝을 지어 실시했습니다. 충분한 배경지식이 마련된 후에는 찬성반대 토론을 해 봅니다. 그리고 마지막 시간에 '협상 토론'을 하여 합의문을 작성했습니다. 협상 토론에서 중요한 것은 합의문 작성에 실패하면 찬성, 반대 측 모두 실패로 간주한다는 점입니다. 그래야 토론자들은 합의문 작성을 위해 최선을 다하게 됩니다. 만약 합의문 작성 실패가 찬성, 반대 중 한쪽의 이익이 된다면 아마도 협상은 실패로 끝날 가능성이 높을 겁니다. 그리고 실제로 현실에서는 합의문을 내놓지 않는 것이 한쪽의 이익인 경우가 있습니다. 그러나 토론 교육이라는 측면에서는 협상을 촉진하기 위해 합의문 작성에 도달하지 못할 경우 찬성, 반대 양측 모두 실패한 것으로 설정하는 것이 보통입니다.

경제 분야에서도 비슷한 사안이 많습니다. 예를 들어, 대형 마트나 슈퍼슈퍼마켓(SSM)으로 인한 재래시장과 지역 상권 파괴는 오랜 쟁점입니다. 어지간한 중소도시에는 대형마트가 한두 개씩은 들어서 영업 중입니다. 그보다 더 파급력이 큰 것은 동네 상권까지 파괴한다는 논란을 빚은 슈퍼슈퍼마켓입니다. 대형마트는 차량이 있어야 접근이 가능한 편이지만, 슈퍼슈퍼마켓은 동네에 위치하기 때문에 전통적인 동네 상권을 잠식하게 됩니다. 그렇다고 무조건 대형마트, 슈퍼슈퍼마켓 운영을 금지할 수도 없습니다. 대형마트, 슈퍼슈퍼마켓은 다양한 상품을 소비자에게 저렴하게 판매하고 편의시설을 갖춰 높은 질의 서비스를 제공합니다. 재래시장의 노후함, 편의시설

부족, 동네 상권의 영세성 등은 그동안 지속적으로 지적된 문제입니다. 이런 상황에서 어떻게 합리적, 민주적으로 문제를 해결할 수 있을까요?

협상 토론은 노사관계에 대해 다루는 부분에 있어서도 활용할 수 있습니다. 하종강 선생님 등 노동 교육에 주목하는 분들은 독일이나 유럽의 교육과정을 소개하고 있습니다. 이때 핵심이 바로 노사 양측의 입장을 경험해 보는 것입니다. 우리는 협상 토론이 노사 양측의 입장을 충분히 경험할 수 있는 좋은 교육 방법이 된다고 생각합니다. 실제로 초등학교 5학년 1학기 사회 교과서에는 노사협상에 대한 부분이 나옵니다. 해당 차시의 핵심은 노동자의 처우, 근로조건과 관련해 극단적인 대립이 아니라, 노사 간의 대화로 풀어야 한다는 것입니다. 아주 원론적인 이 내용은 사실 노동 3권에 대한 교육과 '단체교섭'에 대한 교육으로 나아가야 합니다. 주제를 조금 더 확장한다면 최저임금 인상, 임금 인상과 관련한 단체교섭을 해 볼 수도 있습니다.

일반적으로 협상 토론을 위해서는 사회자, 찬성 측, 반대 측 등 3자가 필요합니다. 찬성 측으로는 이해 당사자를 비롯해 이해 당사자들의 연대체 관계자 등이 자리를 잡습니다. 반대 측 역시 피해를 보는 이해 당사자와 그들의 연대체 관계자가 참여합니다. 예를 들어, '국립공원 내 케이블카 설치'라는 주제로 협상 토론을 한다고 가정해 봅시다. 찬성 측은 해당 지자체, 국립공원 내에서 영업하는 상인, 건설협회 전무로 구성할 수 있습니다. 반대 측은 환경단체 대표, 산악연맹 전무, 지역 주민 등이 참여할 수 있습니다. 협상 토

▲ 협상 토론 중 모둠 의견을 모으기 위해 협의 중인 강일여고 학생들. 협상 토론은 실제상황에 유사한 협상 공간과 주제로 토론을 하는 방법이다. 역할극 또는 연극적 요소가 강한 토론이다.

▼ 합의문 작성 중인 협상 토론 참가자들. 합의문은 협상 결과를 공표하는 문서이자 토론 결과물이다.

▶ 협상 토론 합의문. 양측 대표, 중재자가 서명하였다. 협상 토론에 참여한 사람들이 모두 서명하는 방식도 있다.

론은 입론에 해당하는 1차 발언을 양측이 한 후 협의 시간을 갖습니다. 1차 발언, 2차 발언, 3차 발언을 마치면 협의 시간을 갖고 협상안을 마련하게 됩니다. 이때 중요한 것이 바로 혼이 담긴 연기입니다. 즉, 특정 역할을 맡은 토론자가 자신이 연기를 하고 있다고 생각하지 않고, 바로 그 사람이라고 여기는 겁니다. 그래야만 진정성 있고 훌륭한 토론이 가능합니다.

사회적으로 큰 비용이나 갈등을 빚을 만한 사안은 충분한 토론, 협의가 필요합니다. 그러나 우리 사회에서는 그렇지 못했던 것이 사실입니다. 인기에 너무 영합하다 보면, 정치적 결단이 앞서다 보면 갈등을 조장하거나 한쪽의 희생을 강요하기 쉽습니다. 특히 한 번 시작하면 비가역적인 경우에는 반드시 충분한 토론과 협의가 필요합니다. 예를 들어 2015년을 뜨겁게 달군 '설악산 케이블카 설치'에 관한 문제가 여기에 해당합니다. 국립공원에 케이블카를 설치하는 것은 굉장히 신중하게 토론이 이뤄져야 합니다. 국립공원에 한 번 콘크리트를 부어 공사를 시작하면 원상회복이 굉장히 어렵기 때문입니다. 다른 한편으로 양양 오색지구 주민들의 의견 역시 귀 기울여 들어 볼 필요가 있습니다. 그러나 아쉽게도 이런 과정이 제대로 이뤄지지 못한 채 국립공원위원회에서 결론이 났습니다.

협상 토론은 바로 첨예한 갈등을 빚는 경우에 양측의 입장을 충분히 숙지한 토론자들이 최선의 선택을 위해 협상하는 과정을 담고 있습니다. 다른 토론들이 승패가 나거나 하나의 해결책을 마련하는 토론이라면 협상 토론은 서로 양보가 필요한 토론입니다. 협상 토론은 토론 주제에 대한 배경지식과 함께 협상의 기술도 갖춰야 하는 고난이도의 토론이기도 합니다. 그러나 초등학교에서부터 고등학교까지 시도하지 못할 것은 아니라고 생각합니다. 오히려 이 토론 과정에서 훨씬 많이 배우는, 교육적으로 유익한 방법이 아닐까 싶습니다.

협상 토론의 가치

경쟁이 난무하고 시간에 쫓기듯 살아가는 지금의 학생들에게는 대립 토론이 더 쉽게 느껴질지도 모릅니다. 친구보다 내가 조금이라도 더 유리한 입장에 서 있어야 하고, 이겨야 하는 강박증이 온몸을 감쌀 때 학생들은 승부사로서 온 힘을 다합니다. 이런 학생들과 같이 힘내 얻어 내자는 목적으로 협상 토론을 벌일 때, 가끔씩 대립 토론의 방향으로 몸을 틀어 버리는 학생들의 투정을 받아 내기가 힘겨울 때가 있습니다. 그만큼 습관과 교육은 한 번 자리를 잡고 나면 방향을 틀기가 어렵다는 것을 느낍니다.

교과뿐 아니라 학급 내에서 소풍 장소와 활동 내용을 모으거나 월별 자율 활동 테마를 정할 때, 학급 규칙을 학기별로 정리할 때 형식에 구애받지 않고 협상 토론을 벌여 보면 어떨까요. 학생들의 의견이 생각보다 정리되어 있지 않고, 깊이 생각해 본 적이 없는 것 같아 아쉬울 때가 많습니다. 그래서 반 학생들에게 번호 순으로 아침 조회 시간마다 3분 스피치를 시킨 적도 있습니다.* 신문을 정독하고 자신만의 헤드라인 기사를 정해 3분 동안 자신의 의견을 이야

---

* 참고로 이 글의 대상이 된 학교는 아침 조회 시간이 20분이었다.

기하는 방법인데, 1번부터 끝 번호까지 두 번 정도 돌고 나니 자기의 이야기를 풀어 놓는 시간이 한결 편해진 듯이 보였습니다.

어떤 사람은 '수능 교과도 아니고 진도에 목숨 거는 교과도 아니니, 토론을 하나의 수업 방식으로 활용하는 것이 편하지 않겠냐.'는 볼멘소리를 하기도 합니다. 하지만 토론을 활용한 수업은 수능 교과에 들어가는 교사의 노력 이상으로 교사의 준비 시간이 필요합니다. 쉬어 가는 시간으로 아이들에게 토론을 시키는 것은 토론을 대하는 예의가 아닙니다. 토론을 통해 아이들이 즐거움을 찾고, 교사도 그 속에서 배움을 얻는 윈-윈win-win의 자세는 우리 교육이 지향해야 할 이상향일 것입니다.

| 참고 자료 |

협상 토론의 실제 : 협상 토론을 적용한 내용(고등학교 기술·가정)

가. 상황극을 활용한 우리들의 협상 게임

1) 단원명 : I. 저출산·고령 사회와 가족 / 01. 사랑과 결혼 / 1-3. 서로 돕는 가족 생활

2) 토론 주제 : 부부 또는 부모와 자식 간의 갈등 해결을 위한 바람직한 의사소통 방법

3) 토론 개요(2차시)

부부 혹은 부모-자식 간의 갈등 상황은 상호 마주 앉아 협상안을 제시하며 의견을 수렴하기가 힘들다. 우선 나의 이야기를 상대가 듣기만 하지 않는다. 어떻게든 말꼬리를 잡으려 하고, 감정적으로 흔들리

기 쉽다. 때문에 앉아서 하는 토론보다는 움직이는 토론 방법이 적절하다.

우선 8~9명의 학생들로 조를 만든다. 네 개의 조 중 두 개의 조에는 오륜 중 부부유별에 대한 과제*를 부여하고, 나머지 두 개 조는 부자유친에 대한 과제를 부여한다. 과제를 받은 조는 상황을 구성하고 조원의 의견을 모아 약식 대본을 만든다. 대본을 만드는 과정에서 조원 간의 협상이 시작되고, 조원들이 생각하는 가장 바람직한 해결책을 대본의 결말로 만들 것이다. 이를 친구들 앞에서 실제 연극처럼 해보거나, 의자를 놓고 둘러앉아 대화를 하도록 분위기를 이끌면 된다. 단, 모노드라마는 지양하는 것이 좋다. 모노드라마로 구성할 경우, 배우가 관객을 무대로 이끌어 자연스럽게 관객이 연극에 동참할 수 있도록 기지를 발휘해야 하는데, 아직 학생들에게는 무리다. 다시 돌아가서, 두 개 조는 부부 간의 갈등 상황을, 두 개 조는 부모와 자식 간의 갈등 상황에 대한 협상 토론을 통해 대본을 완성했다. 대본을 완성한 후에는 실제 역할극을 해 볼 차례다. 토론자와 관객은 한 시간 동안 네 팀의 협상 해결책을 경험하게 된다. 이때 관객인 학생들은 집중도가 낮아질 수 있으므로, 조금 더 집중할 수 있도록 배려가 필요하다. 관객도 발생 원인과 과정, 대안을 모두 경험하므로 (토론 연극처럼) 역

---

* 일례를 학생들에게 제시하지 말고, 상황을 조원들 스스로 만들도록 유도한다. 참여도가 높고 활동적인 반에서는 위기의 상황까지만 상황극을 만들어 보여 주고, 이후의 해결책은 다른 친구들의 참여를 유도하며 협상안을 제시할 수 있도록 하는 것이 바람직하다. 그러나 조용한 반 아이들은 나서지 않아 적극적으로 참여를 유도하기가 쉽지 않다. 이럴 경우에는 조원들의 협상안을 토대로 바람직한 해결 방법까지 상황극으로 펼쳐 보이도록 하는 것도 괜찮다.

할극에 참여시키면 집중력을 발휘하게 된다. '내가 아내라면, 내가 아버지라면, 내가 저 친구라면 저렇게 협상안을 제시하지 않을 텐데'라고 생각하는 친구들이 있는지 살펴보자. 입은 간질거리고, 자기 생각을 이야기하고 싶은 친구들이 분명 여기저기서 눈을 부릅뜨고 쳐다볼 것이다. 그 친구들을 무대로 부르자. 이제부터는 대본에 의지하는 일은 없다. 갈등 상황의 발생 원인은 대본과 같지만, 해결해 나가는 과정과 결말은 대본과 다르게 될 것이다.

① 전체 대본 내용을 한 편의 상황극으로 관객에게 보여 준다.

② 상황극을 한 조의 협상안과 생각이 다른 관객(학생)은 자신의 생각을 정리하고 상황극에 동참할 준비를 한다.

③ 배우들은 ①의 상황극을 다시 한다. 관객 중 새로운 협상안을 가지고 있는 관객은 역할극 도중 자신이 들어갈 타이밍이 오면 "잠깐"을 외치고 극에 투입된다. 이때 자신이 맡을 배역 자리에 가서 앉거나 위치에 서 있으면 된다.

④ 잠깐을 외쳤던 전 단계부터 상황극은 계속 진행된다. 이때부터는 대본이 아닌 자신의 생각과 삶의 방향성이 이끄는 대로 협상은 진행된다.

⑤ 마무리가 잘된다면 성공적이지만, 생각대로 마무리가 지어지지 않는다면 이때에는 교사가 잠깐 개입해도 좋다. 결말이 지어지는 것이 오히려 어색할 수도 있다. 사람 간의 관계 형성이 항상 좋은 결말을 가져 오는 것은 바람일 뿐이다. 인간관계이기 때문에 뜻하지 않는 돌발 상황이 조성되는 경우가 더 많다. 다만 이 상황에서 좋은 해결책이 있는지를 관객에게 묻고 올바른 의사소통에 대한 방향성을 제시하는 것

으로 수업을 마무리 짓는다.

나. 피라미드 토론을 활용한 합의문 작성하기

1) 단원명(가정+기술 융합) :

I. 저출산·고령 사회와 가족 / 3. 자립적인 노후 생활,

III. 기술 혁신과 설계 / 01. 기술 혁신과 발명 / 1-2. 기술적 문제 해결

2) 토론 주제 : 노인들을 위한 지팡이를 만드는 업체 내 상품 개발팀과 영업팀 간의 갈등 조정 건

3) 상황 배경

골골 80세라는 말이 있다. 의학 기술의 발달로 수명은 연장되었으나 건강하게 삶의 여유를 즐기기에 노인은 이유 없이 아픈 곳이 많고 거동이 불편하다는 말로 해석된다. 여기 지팡이를 만드는 중소기업이 있다. 선진화된 기술력 도입과 지팡이의 무게를 줄이려는 노력으로 훌륭한 지팡이가 만들어졌으나 문제는 판매가이다. 영업팀에서 요구하는 지팡이는 노인의 편의성을 따져 만들어진 지팡이가 아니라 저렴하고 튼튼하기만 하면 된다는 것이다. 그래서 요즘 같은 불황에 영업사원들은 여러 판매처에 지팡이 팔기가 너무 힘들다고 토로하는 상황이다. 품질 좋고 경량화된 지팡이를 만들고 흐뭇해하는 상품 개발팀과 지팡이 가격이 노인들이 구매하기에는 너무 비싸고 판매가 어렵다는 영업팀! 두 팀의 어려움을 극복하고 지혜로운 협상안을 타결해 보자.

4) 토론 과정(2차시)[*]

[특성]

- 진주 상감 기법을 도입하여 제작한 지팡이로, 성별 및 연령에 상관없이 사용 가능함.
- 스웨덴산 자작나무를 이용하여 만들었고, 오닉스로 손잡이를 만들어 튼튼하고 실용적임.
- 손잡이 부분에 알람 기능 버튼이 있어서 사고에 대비 가능하고, 갑자기 비가 올 경우를 우려해 우산도 내장되어 있음.
- 무게는 200g(우산 무게 포함)이며, 지팡이 하단에는 미끄럼 방지 고무 팁을 장착하여 안전함. 최장 길이는 95.5cm이며, 최단 길이는 59cm까지 조절 가능함.
- 가격은 자재비 및 기술비를 포함하여 30만 원이면 적당하다고 생각됨.

---

* 이전 시간에 노인이 사용할 지팡이에 대한 상품 개발팀의 PMI 토론이 진행되었고, 위의 특성을 가진 지팡이로 상품을 개발할 예정임.

가) 협상 안건 제시하고 협상 팀별로 근거 강화하기(SWOT 분석에 따른 전략안 활용^{**})

상품 개발팀과 영업팀으로 나눈 후 각 팀의 근거를 강화한다. 상품 개발팀의 입장에서는 주요 고객인 노인들의 지팡이 사용에 관한 편리성, 안전성, 남은 여생 동안 내 곁을 지켜 주는 친구 같은 물건의

---

* 본토론을 진행해 보면 가끔씩 토론의 방향이 하나라도 이득을 보려는 협상안으로 흐르는 경우가 있다. 때문에 토론을 시작하기 전에 협상 토론으로서 본토론의 목적과 방향성을 반드시 숙지시킬 필요가 있다.

의미를 담아 협상안을 마련할 것이고, 영업팀에서는 지팡이 고유의
기능과 가격의 적정선에서 거품을 뺀 합리성을 강화한 협상안을 마
련할 것이다.

　나) 역할을 나누고(협상팀 꾸리기) 피라미드 토론하기

　상품 개발팀 직원 2명, 기술 제작팀 직원 2명, 영업팀 직원 2명, 판
매 직원 2명으로 구성하여 소집단별(8명 이상 구성) 협상을 벌이도록
한다.

** ☞ 학습지 예시

가) 협상 안건 : 지팡이 성능과 판매가에 대한 조정 건

나) 우리 측(상품 개발팀)의 요구 : 질 좋은 재료와 혁신 기술력을 바탕으로 만든 지팡이기 때문
　에 30만 원의 판매가는 결코 비싼 것이 아니다.

다) 상대 측(영업 판매팀)의 요구 : 노인들에게 아무리 상품의 우수성을 설명해도 가격이 비싸면
　소용없다. 비싼 자재를 사용해서 상품 가격을 높이는 것은 결코 바람직하지 않다.

〈상품 개발팀의 SWOT 분석에 따른 전략〉

외부 환경 내부 환경	기회(O) 신기술 개발로 인지도 향상	위협(T) 개발 비용이 비쌈
강점(S)	SO전략	ST전략
상품 가치 우수	광고를 통해 상품 구매 욕구를 높임	우산 내장 기술은 생략하고, 지팡이 고유의 기능을 살림
약점(W)	WO전략	WT전략
망가지면 수리비가 많이 듦	AS 보증 기간(2년) 무상 수리 및 책임 관리	복잡한 알람 기능과 우산 내장 기술 생략으로 생산단가 비용 절감

다) 대표 협상하기*

나)의 역할 이외에 협상 조정자 1명, 녹취록 작성자 1명을 두고 대표 협상을 벌인다.

대표 협상이 끝나면 협상 조정자는 협의 조정 결과에 대한 이유를 밝힌다.

라) 합의문 작성하기

협상을 끝내고 협상에 참여한 당사자들은 협상 내용을 공식적으로 인정하고 지키겠다는 약속을 문서화한다.

다. 모서리 토론을 활용한 협상 토론

1) 단원명 :

II. 가족이 여는 행복한 가정 생활문화 / 1. 건강 가정과 지속 가능한 소비생활, 2. 배려와 나눔의 의식주 생활

---

* 협상 토론 녹취록

과정 \ 협상팀	상품 개발팀	영업팀
주장 펴기(1분)	기술팀 직원	쇼핑몰 직원
관계자 진술(1분)		
반박하기(1분)	제작팀 직원	재고 담당자
관계자 진술(1분)		
관계자와 협상자 숙의 시간(2분)		
최후 진술(1분)		
조정자 판결(1분)		
협상을 마친 소감	상품개발팀 직원	영업팀 직원
	제작팀 직원	쇼핑몰 직원
	기술팀 직원	재고 담당자

2) 토론 주제 : 의·식·주, 문화생활을 고려한 우리들만의 여행 계획 구상하기

3) 모서리별 협상 안건

15일간 여행할 나라는 정해졌다. 이제는 동선을 짤 차례다. 6~7명으로 구성된 우리 조 아이들은 성향도 다르고, 보고 싶고, 먹고 싶은 것도 많다. 이때 하루에 1인이 사용할 총 비용은 10만 원을 넘지 말아야 한다.(숙박비, 식비, 차비, 관람 및 입장료, 투어비 등 모든 의식주 생활 및 문화비를 포함하며, 데이터를 당기고 이월하듯이 비용은 밀당이 가능하다. 다만, 우리나라 출발 및 도착 비행기 값은 하루 사용 비용에서 제외시킨다.)

4) 가상 시나리오

여행할 나라를 위에서 아래로 혹은 아래에서 위로 훑는 동선을 잡을 것인지, 이동 수단은 무엇을 선택할 것인지, 머무는 숙소는 어떤 유형이 가장 적당할지 모서리별 협상이 필요하다. 이때, 마냥 목소리 큰 아이들 위주의 여행 줄기를 잡을 것이 아니라, 교사는 학생들이 책상을 배열하고 팀을 꾸려 협상단 조직에 들어갈 수 있도록 도와야 한다. 협상안은 두 건이다. 첫 번째 건은 여행 장소를 정하고 동선 짜기에 대한 조원 간의 협상이다. 중장기 자유 여행에 있어서 체력의 문제와 결부되기 때문에 여행할 나라의 날씨 등 제반 조건을 따져 봐야 한다. 두 번째 건은 숙박 시설 및 이동 수단 정하기에 대한 협상이다. 젊음만 믿고 이동 수단을 활용해 숙박을 해결하거나 비용에 대한 압박감으로 인해 무조건 싼 이동 수단만 선택하는 경우가 있다. 이럴 경우엔 몸이 망가지고, 제대로 된 여행의 즐거움을 느낄 수 없다. 때문에 여행 중 하루나 이틀 정도는 야간 버스에 몸을 싣더라도 야간 버스를 탄

날만큼은 여독을 풀 수 있는 숙박 시설에 몸을 맡기는 것이 현명하다. 게다가 6시간 걸리는 버스를 이용하는 것보다 다른 경비를 줄이더라도 50분 걸리는 비행기를 이용하는 것이 효율적임을 협상 과정을 통해 배울 수 있다. 이처럼 학생들 스스로 여행의 목적과 방향을 잡고, 협상안을 토대로 한 여행 계획을 짜다 보면 같이 머리를 맞대고 있는 조원들이 내 가족처럼 느껴지고, 눈빛만 봐도 생각을 간파할 지경까지 이르게 된다.

14

전문가처럼
: 원탁 토론

원탁 토론 하면 무엇이 떠오르시나요? 1980년대에 초등학교를 다닌 분들은 만화영화 《원탁의 기사 아더왕》이 생각나지 않나요? 그 만화영화에는 신비의 검 엑스컬리버를 뽑아 정의로운 나라를 만들어 가는 아더왕의 모험이 생생하게 담겨 있었습니다. 그런데 아더왕이 앉는 자리는 보통의 왕과는 조금 달랐습니다. 보통 왕은 신하들과 구분되는 높은 자리, 특별한 자리에 앉는데 아더왕은 그렇지 않았습니다. 원형으로 만들어진 탁자인 원탁에 앉아 신하들과 함께 회의를 했습니다. 당시 시대 상황상 왕과 신하로 구분되어 있었지만, 신하들이라고 해서 왕과 다른 발언권을 갖고 있지는 않았다는 것이지요. 물론 전설상의 왕이고, 만화영화에 등장하는 장면이었지만 분명 원탁은 큰 감동을 주었습니다.

아더왕이 사용했던 원탁에서 하는 공평한 토론이 바로 '원탁 토론'입니다. 원탁 토론은 발언 기회와 시간이 비교적 균등합니다. 발언 횟수를 4회-자기소개 및 입장 표명 시간까지 포함하면 5회-로 제한하고, 각 발언마다 시간제한도 있습니다. 그래서 발언력이 큰 사람이라고 하더라도 제한된 시간 내에, 다른 사람과 똑같은 횟수로 발언해야 합니다. 사실 원탁 토론이라고 해도 원탁에서 토론을 하는 경우는 드뭅니다. 원탁은 구하기 어렵고 굉장히 비싼 편이기 때문입니다. 대종상 영화제 시상식 등 큰 회의장에 가면 원탁을 구할 수 있는데, 이때 원탁은 주로 연회에서 사용되는 편입니다. 그래서 원탁 토론에서도 다른 토론과 비슷하게 일반적인 탁상, 책상을 많이 이용합니다. 다만 좌석 배치가 조금 다른 편입니다. 모두가 서로의 얼굴을 볼 수 있도록 'ㅁ'자로 배치하는 경우가 일반적입니다. 청중이 있는 경우에는 'ㅡ'자 또는 'V'자로 배치하는 편입니다.

최저임금으로 토론하기

요즘 일반계 고등학교에는 대입 수시지원이 늘어나고, 일부 대학에서는 토론 면접을 실시하고 있어 토론에 대한 관심이 부쩍 높아졌습니다. 그래서 상당수 고등학교에는 교내 자율동아리 활동으로 보통 몇 개의 토론동아리가 운영되는 편입니다. 주로 진학하고자 하는 전공 교과와 관련하여 경제토론동아리, 역사토론동아리, 독서토론동아리, 시사토론동아리 등이 조직되어 자율적으로 토론 활동(매월 2회 정도)을 하고 있습니다. 이런 토론동아리에도 대개 지도교사가 있지만, 사실은 명목상으로만 존재하는 경우가 많습니다. 토론에 대한 교사의 전문적인 지도 없이 학생들 스스로 조직해서 활동하기 때문에 활동이 제대로 이루어지지 못하는 경우도 자주 볼 수 있습니다. 물론 이것을 선생님들의 책임만으로 돌릴 수는 없습니다. 교사 양성 과정에서, 교사가 된 후 연수 과정에서도 토론에 대해 적절한 교육을 받지 못한 책임이 교사에게 전가되는 것은 부당하니 말입니다. 다만 우리 교사들이 조금만 관심을 가지고 노력을 기울이면 우리 학생들의 토론 활동이 알차게 이루어지리라고 생각합니다.

토론동아리에서 널리 사용하는 방법은 원탁 토론과 찬반 토론입니다. 원탁 토론은 4~6명의 인원이 원탁 또는 ㄷ자나 V자 형태로 앉아 토론하는 방식입니다. 토론의 참가자들은 모두 동일한 발언 시간과 기회, 대등한 지위와 권리, 책임을 가진다는 점에서 두 측이 대립되는 논제로 토론하는 쟁점 토론과는 차이가 있습니다. 배심원 토론의 경우 양측의 입장에 따라 동수의 토론자를 임의적으로 결정해야 하지만, 원탁 토론은 개인적 토론 또는 '일 대 다수' 혹은 '다수 대 다수'의 구도를 가지고 있으며, 전원이 같은 입장이라도 근거에서 차이를 발견할 수 있습니다. 원탁 토론은 토의의 성격이 있으나 대립적 논제를 제시하여 토론의 성격을 더한 것입니다. 이상적인 원탁 토론은 토의에서 토론(찬반 토론)을 거쳐 토의로 나아가는 열린 구조입니다.

원탁 토론은 비교적 쉽고 간결한 규칙을 갖고 있습니다. 원탁 토론의 규칙은 보통 다음과 같습니다.

▲ 원탁 토론을 위해 입론서를 작성 중인 원주고 학생들. 원탁 토론도 자신의 입장을 논리적으로 제시하는 입론 단계가 있으므로 입론서를 작성해야 한다.

▼ 청중이 있는 원탁 토론 중인 원주고 학생들. 원탁 토론은 시민사회단체가 주최하는 토론회, 공청회 등에 널리 사용하는 방법이다.

① 원탁 토론에서는 반대심문이나 교차질의, 즉문즉답은 피하는 것이 좋다. 전체적인 소통에 오히려 지장이 있기 때문이다.

② 질문이 있을 경우 자기 발언 시간을 충분히 활용하여 하고 대답은 상대방 발언 기회 차례에 듣는다.

③ 발표 순서는 정해져 있지 않고 손을 들어 발언 의사를 밝히면 그 토론자로부터 시작을 한다.

④ 토론자들이 서로 발언을 기피할 경우 토론의 활성화를 위하여 먼저 발언한 토론자가 다음 발언자를 지명하도록 하는 것도 한 방법이다. 이때 다음 발언자를 지명한 이유를 밝히는 게 좋다.

⑤ 한 차례 전원 발언 후에 다음 차례의 발언으로 넘어간다.

⑥ 사회자는 내용에 개입하지 않고 형식적인 진행만 한다. 토론이 정체될 경우 토론자 전체에게 새로운 논점을 제시할 것을 요구할 수 있다.

⑦ 녹취는 적절하게 핵심적인 내용만 기록하고, 다른 토론자들의 발언 시간에 잘 들어 주는 태도를 보인다.

⑧ 전체의 토론 흐름을 조율하고 입장을 공유하는 것이 중요하다. 지나치게 승패에 매달리지 않도록 해야 한다.

대부분의 토론이 그렇듯이 원탁 토론 역시 논제가 중요합니다. 동아리 활동으로 원탁 토론을 할 때에는 논제를 동아리 회원들이 모여 함께 토의하여 결정하는 것이 바람직합니다. 예를 들어, 경제토론동아리 회원들은 경제와 관련된 시사적인 내용을 다루기를 선호하는 경향이 있습니다. 모 고등학교 경제토론동아리는 2015년의 중요한 이슈였던 최저임금을 주제로 논제를 정하기로 했습니다. 그 결과 '최근 고용노동부에서 2016년도 적용 최저임금을 시급 6,030원으로 결정하고 고시하였다.'는 사실을 알게 되었습니다. 그래서 이번 논제를 '시급 6,030원은 2016년 최저임금으로 적절하다.'로 정하였습니다.

고등학교 동아리 모임은 보통 2주에 한 번 모여 2시간 동안 이뤄집니다. 아무래도 동아리 시간을 주당 1시간으로 운영하면 활동을 하기에 충분하지 못하기 때문입니다. 그래서 토론동아리도 2시간 동안 운영되므로 보통 첫 시간과 다음 시간을 다르게 운영하는 편입니다. 첫 시간에는 주로 학생들이 조사해 온 자료나 지도교사가 준비해 온 자료를 읽고, 입장이 같은 모둠으로 나누어 의견을 나누고 대표 학생이 발표를 합니다. 발표가 끝나면 각자 입론서를 작성합니다. 학생들이 가장 어려워하는 부분이 바로 입론서 작성입니다. 이렇게 미리 토론 주제에 대해 의견을 나누고 발표한 후 입론서를 쓰면 학생들은 조금 더 쉽게 입론서를 쓸 수 있습니다. 입론서는 찬성과 반대를 모두 쓰는 것이 원칙입니다. 양쪽의 입장과 근거를 모두 이해해야 바람직한 선택을 할 수 있기 때문입니다. 그러나 학생들이 처음부터 두 가지 입론서를 다 쓰는 것이 쉽지 않으므로, 처음에는 자신의 입장에 해당하는 입론서만 작성하게 하고 익숙해지면 두 가지를 다 작성하도록 지도하는 것도 좋은 방법입니다.

보통의 찬반 토론은 찬성 측 토론자 2~3명, 부정 측 토론자 2~3명, 사회자를 정하여 순서대로 토론을 실시합니다. 나머지 학생들의 적극적인 참여를 위해 녹취록을 작성하게 합니다. 원탁 토론은 8명 이내라면 모두 참여할 수 있습니다. 인원이 많으면 두 세 개의 원탁 토론 모둠으로 나눠 진행할 수도 있습니다. 이럴 때는 모둠별 한 명의 사회자가 있으면 됩니다.

순서	내용
토론자 자기소개	토론 참가자 전원 자기소개를 한다. 이때 자신의 입장을 간단하게 한 문장 정도로 밝힌다.
1차 발언	모두 자신의 의견, 입장(관점)을 분명하게 밝히는 단계이다. 입론이라고 보면 된다. 이때는 다른 토론자의 생각을 반박하지 않는다.
2차 발언	서로의 생각에 반박, 질문, 반론의 단계이다. 자신의 해결 방안(대안)을 제시한다. 질문을 받았을 때 바로 답하지 않고 자신의 차례가 오면 대답을 하고 반박도 한다.
3차 발언	2차 발언의 심화된 토론의 단계이다. 여러 해결 방안을 검토하면서 최선의 해결안을 도출(선택)한다.
청중 질문	청중들이 질문을 할 수 있다. 또는 지금까지 토론의 내용에 대한 이의를 제기하거나 공감의 표현을 해도 되고 보충 설명을 할 수 있다. 질문을 받은 토론자는 반드시 대답을 해야 하는 의무는 없다.
정리 발언	정리 발언으로 1차 발언의 내용을 심화하며, 반론을 고려한 내용을 심층적으로 간결하게 이야기한다.
토론 소감 발표	토론의 소감을 발표한다.

중·고등학교와 달리, 초등학교 교과서에서 '원탁 토론을 해 봅시다.'라고 명확하게 제시하는 경우는 거의 없습니다. 그러나 실제로 교과서에 소개된 많은 토론이 원탁 토론 형식으로 이뤄집니다. 시민 사회단체나 정부의 공청회는 일반적으로 패널토론 형식의 원탁 토론으로 이뤄진다고 볼 수 있습니다. 그만큼 원탁 토론은 굉장히 널리 활용되는 실용적인 토론 방법입니다. 보통 초등학교 교과서에서

특별한 유형 없이 '~에 관해 토론(토의)해 봅시다.'라고 제시하는 활동이 있다면 원탁 토론으로 이뤄진다고 볼 수 있습니다. 물론 이런 활동의 경우 교사에 따라서 자신이 원하는 토론 방식으로 변형해도 됩니다.

원탁 토론의 장점은 찬성과 반대에 국한되지 않고 열린 토론이라는 사실입니다. 학생들은 원탁 토론을 통해 공동체적이고 민주적인 토론 과정을 통해서 소통을 경험할 수 있습니다. 그래서 민주시민 교육을 강조하는 교사, 시민사회단체는 원탁 토론을 교육적으로 널리 활용하자고 주장합니다. 그런데 바로 이런 점 때문에 학생들은 원탁 토론을 어려워합니다. 찬반의 입장이나 갈등이 명확하지 않은 논쟁거리, 여러 개념과 원리 같은 문제가 주로 원탁 토론에서 다뤄집니다. 원탁 토론은 찬성, 반대를 넘어 학생들 상호 간 혹은 교사와 학생 간에 창의적이고 자유로운 소통을 할 수 있기 때문입니다. 토론이 활발하게 이뤄지기 위해서는 당연히 배경지식이 필요합니다. 논제에 대한 이해가 없고, 자료 조사가 충분히 되어 있지 않으면 토론이 겉돌거나 주제에서 벗어나기 쉽습니다. 더군다나 학교에 있는 모든 학생이 토론을 접해 본 것은 아니니, 토론이 부담스러운 것은 어쩔 수 없는 현실입니다. 이런 문제를 줄이고 토론을 원활하게 하기 위해서 교사는 과정을 이해할 필요가 있습니다.

교실에서 원탁 토론을 잘하기 위해서는 사전 준비가 조금 필요합니다. 오안초 학생들은 원탁 토론에 앞서 모서리 토론을 자주 하는 편입니다. 모서리 토론은 보통 건물이 네 개의 모서리를 갖고 있다는 것에 착안한 토론입니다. 모서리 토론을 하다 보면 자신이 선택한 입장은 물론, 다양한 입장에 대해 공부할 수 있습니다. 예컨대 '천성산 터널 공사'로 모서리 토론을 한다면 ▶원안대로 터널 건설 ▶터널 건설하되 보완 조치 ▶천성산 외곽으로 철로 건설 ▶터널 건설 포기, 우회 철로 건설 등 네 가지 입장이 나올 수 있습니다. 각자가 원하는 입장에 서서 토론하고, 다른 모둠과 질의응답을 해서 논리를 보완하게 됩니다. 그 후에 원탁 토론을 하면 경제성, 환경 파괴 정도, 공익성 등을 고려한 수준 높은 토론이 가능합니다.

15

프로젝트 수업과 토론

　교육 혁신을 바라보는 사람들이 토론 수업(교육)과 함께 주목하는 것이 바로 프로젝트 수업입니다. 수업을 가르침에서 배움 중심으로 바꾼 학교에서는 프로젝트 학습이 활발합니다. 학생들은 삼삼오오 모여, 몇 시간이나 며칠에 걸쳐 학습 내용을 정리합니다. 프로젝트 학습은 보통 보고서나 파워포인트, 그림이라는 결과물을 발표하는 방식이 많습니다. 수학여행 계획을 세운다든지, 특정한 주제에 대해 세부적으로 나눠 보고서를 쓴다든지, 모둠별 프레젠테이션을 하는 등의 활동 말입니다. 물론 프로젝트 수업을 하려면 지식에 대한 공부도 튼튼해야 합니다. 그 지식을 바탕으로 문제 해결을 하거나 과제를 수행하는 방식이기 때문에 지식이 미흡하면 문제가 발생하기 쉽습니다.

초등학교 3학년 1학기 사회 교과서 110쪽에는 '미래의 이동과 의사소통 모습을 상상하여 표현한 활동 결과물'을 소개하고 있습니다. 목적지까지 한 번에 갈 수 있는 기차, 미래 농장과 교통 등 '미래의 생활 모습'을 그림으로 나타냈습니다. 어른에게는 쉬워 보이는 이 활동이 학생들에게는 굉장히 어렵습니다. 논리적으로 그럴 듯한 결과를 얻기 위해서는 여러 사람의 머리를 모아야 할 때도 많습니다. 미래 사회, 교통수단, 농업, 의사소통 수단, 의생활 등 다양한 요소를 공부해야 나올 수 있는 결과물이기 때문입니다.

3학년 1학기 사회 교과서 169쪽은 고장의 지도를 보고, 규칙에 따라 새로운 중심지를 만들어 발표하는 활동을 제시하고 있습니다. 이미 고장의 지도를 살펴보고 중심지에 대해 파악한 후의 활동입니다. 일부 학교에서는 중심지 현장체험학습, 조사 활동을 실시하기도 했습니다. 오안초에서도 이런 활동은 익숙합니다. 교과서 공부는 물론 면담(인터뷰), 사진 촬영, 현장체험학습 등으로 튼튼한 기초 학습을 마친 상황입니다. 그러나 새로운 중심지를 만들어 발표하는 활동은 기존에 배운 내용을 뛰어넘는 활동입니다. 생각해 보면 상당히 까다롭고, 정해진 답도 없습니다. 오안초 학생들은 이런 활동을 혼자서 하기보다는 모둠별로 진행하는 편입니다. 모둠별 프로젝트 학습으로, 몇 시간에 걸쳐 활동을 하고 여러 사람 앞에서 함께 결과를 발표합니다.

초등학교 프로젝트 학습의 특징은 주제통합, 학년통합의 성격이 있습니다. 예를 들어 6학년 도덕, 사회, 과학, 실과의 환경 단원을 통합하여 '환경 프로젝트'를 실시할 수 있다는 것입니다. 이 과정에서 주제를 선정하여 토론을 하고 그림이나 보고서로 결과물을 도출할 수도 있습니다. 오안초 6학년 학생들은 환경 프로젝트를 수행하면서 '화석연료와 핵에너지를 사용하지 않는 세계'를 그림으로 그려 발표하기로 했습니다. 이 활동을 하기 직전에 선진 7개국(G7)이 '2100년까지 화석연료를 사용하지 않는 세계를 만들자.'는 제안을 세계 여러 나라에 했다는 언론 보도가 계기가 되었습니다. 물론 우리는 이미 국제원자력기구(IAEA)가 앞으로 핵발전소, 핵산업의 미래가 어둡다고 전망한 사실도 알고 있었습니다. 그래서 이 두 가지 에너지를 결합해 대안을 마련하는 활동을 벌인 겁니다. 미술과 실과 시간을 활용하여 3교시 동안 활동을 하며 그림을 그렸습니다. 첫 시간은 '화석연료와 핵에너지를 사용하지 않는 세계'에 대한 토론을 모둠별로 진행했습니다. 토론 결과를 바탕으로 스케치를 하고, 모둠 구성원의 숫자만큼 그림 조각을 냈습니다. 모둠 구성원들은 토론을 같이했으므로 그림 내용을 알고 있었습니다. 그래서 색칠을 하는 것이 전혀 어렵지 않았습니다. 어느 정도 색칠을 다 한 후에는 조각을 테이프로 다시 붙여 하나의 작품으로 완성했습니다. 이 과정에서 색칠이 어색하면 자연스럽게 만드는 작업을 병행했습니다. 발표는 전람회 발표 방법을 활용해 모든 학생이 발표와 질문을 하도록 했습니다. 학생들은 이와 같은 문제 해결 과정에서 자주성, 책임감 및 협동심을 경험하게 됩니다. 자신이 맡은 일을 잘하기 위해서는 협의를 잘해야 하고, 각자가 맡은 일을 완수해야 전체 프로젝트가 차질 없이 추진됩니다. 만약 조금 부족한 구성원이 있다면 다

▲▲ '화석연료와 핵에너지를 사용하지 않는 세계'를 주제로 토론을 하고 작성한 오안초 학생들의 결과물. 태양열발전, 풍력발전, 번개 에너지 축전 등 다양한 발전 방법을 제시했다.

▲ 모둠별 토론을 한 후 그림을 스케치하고, 모둠 구성원 숫자만큼 그림을 조각 내어 각자 그림을 완성했다. 여러 조각의 그림을 붙여 최종 수정 후 발표를 하게 된다.

▼ 프로젝트 토론 결과물을 발표한 후 기념 촬영을 했다. 협동학습의 전람회 발표 기법을 활용하여 결과를 발표하는 경우가 많다.

른 구성원들이 협력하여 돕는 것도 중요합니다.

　중·고등학교 사회과에서는 주로 단원 정리 활동에서 프로젝트 학습을 많이 활용합니다. 개별 프로젝트부터 모둠별 프로젝트까지 형태도 다양합니다. 신사고 사회1 48쪽에는 "지금까지 배운 내용을 바탕으로 자신이 살고 있는 지역에 대한 주거지의 조건에 대해 사진, 신문, 인터넷 자료를 활용하여 자유롭게 보고서를 만들어 보자."는 제안이 수록되어 있습니다. 학생들은 이 단원에서 주거지의 조건에 대해 배웠습니다. 과거의 암기식 교육은 바로 그 조건을 암기하면 끝이 났습니다. 그런데 프로젝트 학습은 이 지식을 바탕으로 새로운 활동을 창조해 냅니다. 모둠별로 우리 지역의 자연 환경, 인문 환경을 조사하고 그 조건을 분석해야 합니다. 그리고 이러한 조건과 분석 결과를 보고서나 파워포인트 등의 형태로 만들어야 합니다.

　역시 신사고 사회1 164쪽의 단원 마무리는 전형적인 프로젝트 학습을 보여 주고 있습니다. 교과서는 '도시 문제 분석과 해결 방안 찾아보기'를 제시하고 있습니다. '모둠별로 도시에서 나타나는 여러 가지 문제 중 하나를 주제로 선택한다. 그리고 도시 문제의 원인과 해결 방안에 대하여 보고서를 만들고 모둠별로 발표해 보자.'는 것은 하나의 주제에 대해 공부하는 프로젝트 학습의 접근 방법입니다. 학생들은 모둠을 구성하여 대도시의 대기오염 증가, 식수난, 교통 체증, 주택난 등 도시 문제 중 하나를 정해야 합니다. 그리고 현상, 원인, 해결 방안, 해결 방안의 장점과 한계 등을 살피게됩니다. 교과서는 활동 단계를 3단계로 제시하고 있습니다. 1단계는 '모둠별로 도시 문제에 대한 주제를 하나 선정한다.', 2단계는 '도시 문제에 대한 자료를 수집하고 해결 방안에 대하여 모둠별로 토의한다.'고 되어 있습니다. 그리고 마지막 3단계는 '보고서를 정리하여 모둠별로 발표한다.'입니다. 각 모둠은 하나의 문제에 대해 학습을 하고 발표하지만, 여러 모둠의 활동을 모으면 굉장히 깊은 학습이 될 수 있습니다. 더군다나 자신들이 정하여 학습한 내용은 교과서에서 배운 지식을 뛰어넘는 깊이가 있습니다. 이 과정에서 사고를 더욱 풍부하게 하는 것이 바로 '토의' 또는 '토론'입니다.

프로젝트 학습과 토론은 사회과의 전유물은 아닙니다. 중·고등학교에서는 과학과에서도 프로젝트 학습을 널리 활용하고 있습니다. 특히 자유학기제가 도입되면서 중학교에서는 과학 수업에서 프로젝트 수업을 폭넓게 적용하고 있습니다. 다만, 이 과정에서는 토론을 활용하기보다는 수업 방법 면에서 프로젝트 수업을 적용하는 편입니다. 모둠 구성원이 다 같이 참여하여 실시하는 프로젝트 설계 단계는 다른 과정에 비해 토론이 상대적으로 많이 들어갈 수 있습니다. 그래도 조사, 측정 등의 탐구 과정을 수행하면서 얻은 결과를 분석하고 종합하여 합리적인 결론을 내리는 것이 과학과 프로젝트 학습의 관건입니다. 이러한 결과를 갖고 보고서나 그림(포스터), 프레젠테이션 자료를 만들 때 모둠 구성원과 협력하는 것은 사회과와 별반 다르지 않습니다.

프로젝트 수업은 학습자가 적극적인 배움을 통해 지식생산자로 발돋움한다는 점에서 매우 중요한 교육 방법입니다. 프로젝트 수업의 장점은 학생이 지식을 암기하는 것에 머물지 않고, 이를 바탕으로 지식을 종합하고 통합하여 마침내 자신의 것으로 만드는 것입니다. 1920년대 초에 소개된 프로젝트 학습은 학습자의 자발적인 참여를 통해 스스로 지식과 기술을 습득하고 발전시켜 나가는 학습 방법의 하나입니다. 프로젝트 학습은 토론 수업처럼 '교사 중심 수업'에서 '학습자 중심 수업'으로 전환되는 과정에서 큰 관심을 받기 시작하였습니다. 프로젝트 학습은 일부에서 유치원부터 적용한다고 하지만, 초등학교 고학년은 되어야 제대로 된 활동이 가능하다고 봅니다. 왜냐하면 지식을 암기하는 것을 넘어 창조적으로 적용하려면 어느 정도의 지적 발달을 필요로 하기 때문입니다.

단순한 지식 암기가 아니라, 그 지식을 창조적으로 적용하는 능력이 보다 고차원적인 능력임은 누구나 알고 있습니다. 그 고차원적인 능력을 발휘하기 위해 모둠별 토론을 하는 것은 굉장히 중요합니다. 모둠별 프로젝트는 개인별 프로젝트와 달리 한 명의 능력보다 여러 사람의 참여와 협력이 필요합니다. 이러한 활동은 우리 학생들이 어른이 되어 직장 생활이나 문제 해결을 해 나갈 때 소중한 경험이 될 겁니다.

16

교실 토론으로
인권 친화 교실 만들기

동해 북평초에 근무하는 이은주 교사는 〈강원인권교육연구회〉 회원이자 인권교육 강사로 활동 중입니다. 선생님은 오랜만에 5학년 담임교사를 맡아, 기대 반 두려움 반으로 시작하게 되었습니다. 강원도 정선의 작은 학교에서 주로 지냈던 터라, 도시의 학생들에 대한 두려움도 컸습니다.

도시 학생들과 함께 생활한 지 두 달쯤 되면서 학생들이 생각했던 것보다 더 온순하고, 말을 잘 듣는다는 생각이 들었습니다. 그런데, 다른 한편으로 학생들이 온순한 데에 비하여 자신의 목소리를 낼 줄 모른다는 느낌을 많이 받게 되었습니다. 심지어 한 학생이 "아이들은 어른들에게 혼이 나야 한다." 혹은 "맞으면서 커야 한다."

는 이야기를 하는 것을 보고 많이 놀랐다고 합니다. 선생님은 그 학생에게 "왜 아이들은 어른에게 혼이 나야 하니?"라고 물었더니 당연하다는 듯이 "어른들이 항상 그렇게 말하니까요."라고 대답을 하였습니다.

이은주 교사는 학생들 모습에 큰 충격을 받았습니다. 공부를 열심히 하고, 성적을 올리기 위해 시험에 어떤 문제가 나올지에 귀를 쫑긋 세우고 눈을 반짝이는 데에 비하여, 자신보다 공부를 못하거나 힘이 약한 친구가 괴롭힘을 당하는 것은 외면하는 모습을 목격했기 때문입니다. 자신에게 이익이 되는 일에만 방향 없이 열심히 하는 것, 우리 사회의 단편적인 모습이 아닐까 걱정이 되기도 했습니다. 또한 5학년 학생들은 사춘기가 시작될 즈음이라 친구 간의 관계에 대한 복잡 미묘한 일들이 많아졌고, 수업을 이끌어 나가는 것이 어려워지는 다른 학급의 모습도 발견할 수 있었습니다. 고민을 하다가, '학생들과 토론을 적용한 인권수업을 꾸려 나가 보면 어떨까'하는 생각이 시작되었습니다. 학생들이 모르고 있던 자신의 인권을 알아보고, 이와 더불어 다른 사람의 인권을 존중하는 것을 생각하고, 스스로 이야기할 수 있다면, 선생님이 강요하고 제재하지 않더라도 평화로운 학교를 만들 수 있지 않을까 하는 기대감도 들었습니다.

인권수업 첫 시간에는 인권에 대한 정의에 대하여 함께 공부해 보고, 인권에 대한 정의를 내리는 빈 칸 채우기 활동을 하였습니다. '인권은 ○○이다.'라고 명명하는 활동을 통하여 인권에 대한 여러 가지 시각과 생각을 나누어 보았습니다. 생각하는 것이 어렵고, 발표하는 것이 두려운 학생들도, 쉬운 방법이기에 적극적으로 참여하는 모습을 확인할 수 있었습니다. 인권에 대해 자신만의 정의를 내리는 활동에서 "구겨진 종이를 펴 주는 것처럼 인권을 잃어버린 사람들에게 인권을 찾아 주어야 한다."는 목소리를 내는 학생도 있었습니다. "공부란 지식을 그대로 받아들이는 것이 아니라, 생각하고 판단하는 것이라는 것을 알게 되었다."는 학생도 있었습니다. 또한 "인권에 대하여 미처 깨닫지 못하고 있던 점에 대해 알 수 있어 좋았다.", "친구들의 생각을 통하여 인권에 대한 폭넓은 생각을 가질 수 있게 되었다."는 소감을 밝혔습니다.

두 번째 인권수업에는 '인권 보호가 필요한 사람들이 겪는 어려움에 대하여 알 수 있다.'라는 학습 목표를 바탕으로 동심원 발표를 해 보았습니다. 인권 보호가 필요한 사람들이 나온 신문 기사나 인터넷, 책 자료를 미리 학생들이 조사해 오도록 했습니다. 학습지에 자신이 조사해 온 자료를 붙이고, 인권 보호가 필요한 사람들이 겪는 어려움에 대해서 적어 보았습니다. 이 후, 학급 전체가 두 개의 원을 만들고, 서로 마주 본 후 이야기를 나누었습니다. 친구와 만나서 인사를 한 후 기사와 내용을 소개하고 인권 보호가 필요한 사람들이 어떠한 어려움을 겪는지 이야기 나누었습니다. 학습지를 친구에게 보여 주며 서로 이야기 나누도록 하였으며, 질문과 칭찬을 하도록 하였습니다. 두 명의 발표가 모두 끝난 후에는 자리에 앉도록 하였으며, 전체가 앉은 후에는 종소리에 맞추어 한쪽 원만 오른쪽으로 이동을 하여 새로운 친구들을 만나도록 하였습니다. 이러한 방식으로 여러 명의 학생들과 이야기를 서로 나누고, 내가 조사한 것 이외의 많은 사례들을 접할 수 있었습니다. 다른 선생님들이 수 인권은 [사랑] 이다.

그 누구도 사랑을 파괴할수 없듯이

인권도 그 누구도 파괴학수 없는 존재이다.

북평 초등학교 5학년 이름: 이현승

▲▲ 인권이라는 주제로 빈 칸 채우기 활동을 한 결과물. 동해 북평초등학교 5학년 이현승 학생의 작품이다.

▲ 인권 감수성 향상을 위한 수업 중 동심원 활동 사진. 여러 명의 학생을 만나 서로 이야기를 나누니 내용이 풍부해진다.

▼ '친구의 인권을 존중하여 평화로운 교실을 만들 수 있다.'는 주제로 이뤄진 회전목마 토론. 짧은 시간 안에 여러 번의 토론을 하여 사고가 깊어진다.

업을 참관하고는, 동심원 발표를 하면 어수선할 것이라는 고정관념이 있었는데, 아이들이 새로운 친구를 만날 때 마다 정중하게 인사를 나누고, 조리 있게 이야기 하는 모습에 많이 놀랐다고 했습니다. 또한 여러 명을 만날수록 더욱 활발하게 이야기 나누는 모습에 이야기꽃이 피는 모습이 이러한 교실의 모습이구나 하는 생각을 하게 되었다는 분도 있었습니다. 아이들은 자신이 조사하는 것에서는 시간적인 제한이 있어서 힘든데, 동심원 발표를 하니 다양한 생각을 나눌 수 있어서 많은 사례를 알 수 있어 좋았다고 하였습니다.

세 번째 인권수업에는 '친구의 인권을 존중하여 평화로운 교실을 만들 수 있다.'라는 학습 목표로 회전목마 토론을 해 보았습니다. 이은주 교사의 반에는 아이들 스스로 말하는 '전교 왕따' 학생들이 여럿 있습니다. '왕따'라는 단어 자체가 상처로 다가올 학생들을 보며 항상 마음이 아팠습니다. 처음에는 교실 놀이 등으로 밝은 분위기를 만들어 보려고 노력했습니다. 그 친구에게 신체적 폭력을 가하던 행동들은 말끔히 사라졌지만, 아이들의 눈빛, 몸짓에서 여전히 남아 있는 가시를 느낄 수 있었습니다. 주위에 고민을 나누어 보면, "작년에 비해서는 대단한 발전이다.", "천천히 지켜보아야 하지 않을까?", 혹은 "가정에서의 원인이 대부분인데, 교사가 할 수 있는 역할은 한계가 있지 않겠냐."는 이야기를 많이 들었습니다. 이은주 교사는 가정은 가정대로 노력해야 하겠지만, 본인이 담당하는 교실에서 가능한 방법을 찾아보고 싶었다고 합니다. 그래서 아이들의 목소리를 듣고자 했습니다.

가끔 방과 후에 학생 몇몇과 이야기를 나누어 보았습니다. 어떻게 하면 우리가 더 평화로운 교실을 만들 수 있을까 하고요. 학생들에게서 의외의 말이 많이 나왔습니다. '1학년 때부터 공부를 못하는 모습에 선생님이 화를 많이 냈다. 또 어떤 한 친구가 주도해서 그 친구의 몸에서 불쾌한 냄새가 난다라는 소문을 내어 그 친구가 낙인찍힌 것 같다.' 하지만, 그 친구는 그러한 사실을 알고 있어 노력을 하는 중이었습니다. 학생들에게 이러한 이야기를 하니, 몇몇 학생들에게서 다른 이야기가 나왔습니다. "사실은 우리 반의 ○○가 뒤에서 그 아이에 대해서 나쁜 이야기를 많이 해요."라고요. 이은주 교사는 학생들과의 이야기 후 집에 가서도 고민을 많이 하였습니다. 뒤에서 이야기를 한다는 친구를 불러서 혼을 낼까, 혹은 그 친구의 입장을 이야기 나누어 볼까 하다가, 학생들의 솔직한 입장이 궁금했답니다. 우리 학생들 대부분이 왕따 문제의 주동자이기보다는 방관자가 되기 쉽다는 생각이 들었기 때문입니다.

그래서 비슷한 사례의 이야기를 만들어 보았습니다. 예시 내용은 이렇습니다. 평소 친구들이 별로 좋아하지 않는 친구 '개똥이'가 있습니다. 그런데 나와 가장 친한 친구 '잘난이'가 '개똥이'가 못생겼다는 이유로 뒤에서 나에게 개똥이 흉을 봅니다. 이때 나의 선택은? '잘난이'와 함께 '개똥이' 흉을 볼 것인가? 아니면 '잘난이'의 행동을 멈추게 할 것인가?

보통 토론을 할 때는 '~다.'라는 문장형으로 만들어 찬성/반대를 나누지만, 아이들의 선택이 다양할 것이라고 예상되어 논제를 질문형으로 만들었습니다. 그리고 예시에 없는 방법도 좋으니 우리 친구들의 솔직한 생각을 적어 보도록 하였습니다. 처음에 활동지를 받아 본 학생들은 모두 '잘난이를 말린다.'라고 적을 것이라 예상했습니다. 그런데, 결과는 의외였습니다. '잘난이'와 이야기를 하는 동안, '잘난이'가 개똥이 이야기를 하면, 화제를 돌린다고 대답하는 경우가 많았습니다. 회피해 버리는 것이지요. 또는 '잘난이'와 같이 흉을 본다고 하는 친구들도 많았습니다. 어떤 학생은 "사람 관계도 강자와 약자가 있다. 그래서 자신은 강자에게 가는 것이 좋다고 생각한다."고 적었습니다. 또한 선생님께 말씀드린다고 한 친구들도 몇몇 있었습니다.

학생들의 주장을 보고, 이은주 교사는 많이 놀랐다고 합니다. 그래서 우선 자신의 생각에만 머무르게 하는 것보다는 다른 친구와 의견을 교환하기 위해 회전목마 토론을 시작했습니다. 바깥 줄의 학생들은 머무르고, 안쪽 줄의 친구들을 움직이도록 하였습니다. 안쪽에 앉은 친구들이 새로운 친구들을 만나면, 인사 후 자신의 의견을 근거와 함께 이야기하도록 했습니다. 처음에는 학습지에 적지 않고, 서로의 의견을 귀담아 들은 후 학습지에 적는 방법을 택했습니다. 그리고 의견을 나누면서, 질문을 만들어 보도록 하였습니다. 서로에게 질문을 하면서 최종 의견을 다시 생각해 보도록 안내했습니다. 처음에 모른 척한다는 아이에게, "그러면 '잘난이'가 계속해서 '개똥이' 이야기를 하면 어떻게 할 것인가?" 또한, 함께 흉을 본다고 했던 아이에게서는 "'잘난이'와 '개똥이'가 갑자기 친해져서 나를 흉보고 왕따시키면 어떻게 할 것인가?", '선생님께 말씀드린다.'고 했던 친구에게서는 "선생님께서 해결하려고 하였다가 상황이 더 나빠진다면?" 혹은 "그 사실을 '잘난이'가 알게 되어 내가 곤란해진다면?" 등의 질문이 나왔습니다. 이러한 과정을 통하여 마지막에 각자의 생각을 정리하는 시간을 가졌습니다.

친구의 인권에 대해 가지게 된 생각을 정리해 보도록 하였더니, '인권은 관심을 주지 않으면, 사라질 수도 있다. 모두에게 소중한 보물이다. 인권이란 용기를 내야 하는 것이다.' 등의 이야기가 나왔습니다. 친구와 사이좋게 지내라는 말을 학생들은 끊임없이 들으며 자라고 있습니다. 그런데, 정작 학생들의 속마음은 여러 가지였습니다. '나만 괜찮으면 돼.'라는 생각을 하는 친구들도 많았지요. 하지만 그러한 생각을 친구들과 나누다 보니, 나만 생각하다 보면 오히려 곤란한 상황이 올 수도 있겠다는 사실을 스스로 확인하는 것을 보았습니다. 모두가 행복하고, 평화로운 교실을 만들려면, 학급의 문화와 분위기를 우리 친구들이 스스로 바꾸어 가야 한다는 것을 깨달았지요.

네 번째 수업은 '인권을 존중하는 교실(평화로운 교실 만들기)을 만들기 위해 필요한 것을 알기'라는 주제로 피라미드 토론을 해 보았습니다. 인권을 존중하는 교실, 평화로운 교실을 만들기 위해서 꼭 필요하다고 생각하는 것을 포스트잇에 하나씩 적었습니다. 한 종이에 단어를 하나씩 적고, 1인당 4개의 포스트잇에 4개의 단어를 적었습니다. 1인당 4개의 종이를 가지고, 짝과 함께 토론하여 8개의 종이 중 4개의 종이를 고르도록 하였습니다. 고른 4개의 종이 외의 나머지 4개의 종이는 교사에게 주도록 하였습니다. 토론 중에 학생들이 바꾸려고 할 때도 있고, 연필을 꺼내 다시 적는 경우가 있어서 버리는 종이는 교사에게, 연필과 필통은 모두 서랍에 넣고 토론을 하였습니다. 두 명당 4개의 카드를 고른 후, 모둠별 4명씩 만나 다시 4개의 종이를 고르도록 하였습니다. 학생들의 수가 많아질수록 격렬하게 토론하는 모습을 볼 수 있었습니다. 모둠별(4명당) 종이 4개를 고른 후, 두 모둠씩 만나서 4장의 종이를 고르도록 하였습니다. 최종 결정된 종이는 칠판에 붙이도록 하였습니다. 이은주 교사의 학급은 여섯 모둠이라, 총 3줄의 카드(4장씩)를 칠판에 붙이도록 하였습니다. 학생들은 스스로 '존중과 용기'라는 공통된 단어들을 찾기 시작하는 모습을 볼 수 있었습니다. 모둠별로 최종 결정을 한 단어에 대하여 발표를 하였으며, 평소의 나의 모습이 여기에 있는 단어와 비교하여 어떠했는지 생각해 보는 시간을 가졌습니다. 피라미드 토론을 한 후에는 단어를 이용하여 한 줄 글쓰기(우리 반 일기)를 하도록 하였습니다. 우리가 평소에 인권에 대하여 배우는데, 정말 나 스스로 인권 친화적인 행동을 하는지 되돌아보는 시간이 되었지요.

교실 토론으로 인권 친화적인 교실을 만드는 활동 중, 세 번째 회전목마 토론을 하면서부터는 아이들의 작은 변화를 직접 느낄 수 있었습니다. 이전에는 친구들의 눈치를 보며, 한 친구와 이야기 나누는 것을 꺼려하고 그 친구의 의자에 앉는 것조차 싫어하던 아이들이, 그 친구의 의자에 앉거나, 물건을 빌리기도 하는 등의 모습을 볼 수 있었습니다. 게다가 가시 돋친 눈빛과 말투도 좋아지는 것을 확인할 수 있었습니다. 이은주 교사는 한 친구가 빈 칸 채우기 활동을 하면서 '인권은 용기이다.'라고 적은 것을 보았습니다. 인권 친화적인 교실을 만들기 위해서는 무엇보다 교사와 학생들의 용기가 필요하다고 절실히 느꼈다고 합니다. 용기를 실천으로 만들기 위해서는 아이들이 자신의 목소리를 낼 수 있도록 토론을 자주 사용하였던 것이 효과적이었답니다.

이제 학생들은 아침에 학교에서 선생님을 만나면 먼저 "토론 빨리해요."라고 말합니다. 토론을 통하여 생각을 나누고, 마음을 나누면서 서로의 이야기에 귀를 기울이고, 이를 통하여 저절로 인권 친화적인 교실을 만들 수 있는 것 같습니다. 학생들이 성장하면서 토론을 접하면 어른이 되어서도 우리 사회에 대해서 용기를 낼 수 있는 모습이 되지 않을까 하고 기대해 봅니다.

〈토론 방법 소개〉

▶1차시: 빈 칸 채우기

가. '인권은 ○○ 이다.'라는 문장을 줍니다.

나. ○○ 안에 들어갈 낱말을 각각 생각해서 적어 봅니다.

다. 근거도 적어 보도록 합니다.

라. 친구들에게 발표를 합니다.

마. 발표를 들은 친구들이 발표자에게 질문하고, 발표자는 대답합니다.

 ※전체 발표도 가능하고, 빈 칸 채우기를 이용하여 동심원 발표나 회전목마 토론도 가능합니다.

▶2차시: 동심원 발표

가. 학급 전체를 반으로 나눕니다.

나. 크게 두 모둠이 되면, 한 모둠은 큰 원을 만들고, 다른 모둠은 큰 원 안에 작은 원을 만듭니다.

다. 큰 원과 작은 원의 학생들이 1:1로 만날 수 있도록 합니다.

라. 서로 인사하고, 학습지를 보여 주며, 발표를 합니다.

마. 귀 기울여 듣고, 질문하고 대답합니다. 서로 모두 발표합니다.

바. 서로에게 칭찬을 하고 활동이 모두 끝나면, 자리에 앉습니다.

사. 전체 활동이 끝나면 한쪽 원을 이동합니다. 한 칸씩 이동해도 좋고, 여러 칸을 이동해도 좋습니다.

※학생이 홀수일 경우, 두 명을 하나로 묶어 같이 움직이도록 합니다. 그러면, 세 명이 함께 이야기하는 것이 됩니다. 또는 교사가 학생들과 함께 동심원을 구성하여 발표해도 재미있습니다. 발표를 할 때 서로 눈을 마주치고, 경청하는 연습을 많이 한 후에 시도하면 좋습니다. 여러 명의 친구들을 만날 수 있어서 좋은 발표법입니다.

▶3차시: 회전목마 토론

가. 논제에 맞는 자신의 주장과 근거를 씁니다.

나. 학급의 자리 배치(책상 배열)를 크게 두 줄로 합니다. 'ㄷ'자나, 'ㅁ'자 구성도 좋습니다.

다. 한 줄의 학생들은 자리에 고정하도록 하고, 다른 줄의 학생들이 움직이도록 합니다.

한 칸씩 이동하는 것보다는 여러 칸을 움직이면 학생들이 더욱 활발하게 토론하기도 합니다. 새로운 친구를 만나면 인사를 나누고, 서로의 의견을 교환합니다. 들을 때에는 상대편의 의견에 질문할 거리를 생각하여 적도록 합니다. 서로 의견 교환 후 질문과 대답을 합니다.

라. 교사의 신호에 따라 자리를 이동한 후 계속해서 의견 교환을 합니다.

※회전목마 토론 후 친구와 토론이 끝났지만, 의견을 교환한 친구의 주장을 다시 살펴보며 질문을 만들어 보도록 합니다. 또한 의견 교환 후 다시 자신의 생각을 정리해 보는 시간을 갖도록 합니다. 처음의 자신의 주장과는 다른 의견을 생각하는 경우도 많이 있습니다.

▶4차시: 피라미드 토론

가. 학급 전체에 논제를 제시합니다.

나. 1인당 4장의 종이를 준비하여, 논제에 해당되는 단어나 의견을 적습니다.

다. 옆에 있는 친구를 만나 두 명씩 짝을 이룹니다. 짝을 지어 토론합니다. 서로 자신의 종이에 적은 내용을 설명한 후, 논제에 해당되는 종이를 4장만 고르고, 나머지 4장은 제외하도록 합니다.

라. 두 명씩 4장의 종이를 가지고, 옆에 있는 다른 두 명을 만납니다. 이제, 4명이 한 모둠이 되어 토론합니다. 토론 후 논제에 맞는 종이 4장만 고르고, 다른 종이는 제외합니다.

마. 네 명씩 4장의 종이를 가지고, 다른 모둠을 만납니다. 8명이 만나서 토론합니다. 논제에 맞는 종이 4장만 고르도록 합니다. 이러한 방식으로 학급 전체의 의견을 모을 수 있습니다.

※토론할 수 있는 충분한 시간을 주도록 합니다. 너무 짧은 시간을 줄 경우, 목소리가 크거나 주장이 강한 친구의 의견이 우세할 수 있습니다. 작은 목소리라도 천천히 주장할 수 있도록 시간을 충분히 준다면 더욱 활발하고 충실한 피라미드 토론이 가능합니다.

(창의적 체험활동)과 교수·학습 과정안

일시	2015. 6. 30. (화) 3교시	장소		지도교사	이은주
단원	인권	차시	2/3	수업모형	가치심화 학습모형
본시주제	인권 보호가 필요한 사람들이 겪는 어려움 알기		창의인성 요소	소통, 존중, 배려
학습목표	인권 보호가 필요한 사람들이 겪는 어려움을 알 수 있다.
학습자료	동영상, 학습지

학습 단계	학습 과정	교수·학습 활동	시간 (분)	자료(□) 및 유의점(※)
학습 문제 인식 및 동기 유발	동기유발	■ 동기유발 ○ '지식채널-e' 시청 (파키스탄의 아이, 이크발) ▷동영상을 보고 난 느낌을 자유롭게 이야기해 봅 시다. -파키스탄 아이들이 불쌍해 보였다. -파키스탄 아이들은 인권이 무시당하고 있는 것 같다.	5′	□ 동영상
	학습문제	■ 학습 주제 확인하기 인권 보호가 필요한 사람들이 겪는 어려움 알기		
	학습활동 안내	■ 학습 활동 안내하기 〈활동1〉 옛날이야기 속 인권 찾기 〈활동2〉 인권 보호가 필요한 사람들		
가치 사례의 제시 및 성찰	옛날 이야기 속 인권 찾기	■ 〈활동1〉 옛날이야기 속 인권 찾기 ▷옛날이야기 '홍길동전', '콩쥐팥쥐' 에서는 누구 의 어떤 인권이 보호받아야 할까요? -홍길동은 신분제도에 의해 차별받았기 때문에 평등권을 보호받아야 한다. -콩쥐는 계모에게서 학대를 받았고, 공부할 권리 나 보육받아야 할 권리를 보호받아야 한다.	5′	□ 동화책 표지

가치 규범의 추구 및 심화	인권의 도움이 필요한 사람들	■ 〈활동2〉 인권 보호가 필요한 사람들 ▷우리 주변에서 인권을 보호받지 못하는 사람은 　누가 있을까요? 　-아동, 여성, 노인, 장애인, 외국인 근로자, 노숙 　자 등	10′	
		▷조사해 온 신문 기사를 보고, 학습지를 작성하기 　-여러 가지 관점에서 인권을 보호받지 못하는 사 　람들의 사례를 작성한다.	15′	※ 자유롭 게 이야기 나눌 수 있 도록 하며, 서로 질문 도 하도록 격려한다.
		▷ 친구들과 서로 조사한 내용을 설명하고 발표하기 (동심원 발표하기) • 신문 기사 속에서 장애인이 겪는 어려움은 무엇 　인가? -휠체어 때문에 계단이 많은 지하철이나 버스를 　이용하기 어렵다. • 노숙자가 겪는 어려움은 무엇인가? -몸이 불편한 사람이 대부분이지만 치료를 받지 　못하고 있다. • 외국인 근로자가 겪는 어려움은 무엇인가? -밀린 임금을 받지 못하거나 일을 제대로 못하면 　폭행을 당하고 있다.		
도덕적 정서 및 의지의 강화		• 아동이 겪는 어려움은 무엇인가? -교육 받을 권리가 없고, 보호받지 못하고 있다.	5′	
		• 여성이 겪는 어려움은 무엇인가? -사랑할 권리, 자유로울 권리 등을 박탈당했다.		
정리 및 확대 적용과 실천 생활화		• 이들이 겪는 어려움이 인권이 지켜지지 않았다 　고 말할 수 있는 이유는 무엇인가? -사람이라면 마땅히 누려야 할 인간다운 삶을 누 　리지 못하고 있기 때문에		
		■ 학습 활동 정리 및 평가하기 ▷ 인권 보호가 필요한 사람들의 사례를 나눈 소감 　이야기하기(같은 생각 앉기) -도와주고 싶다.		

		-인권 보호가 필요한 사람들이 생각보다 많다. 등		
		▷인권을 보호받지 못하고 있는 사람들의 특징은 무엇인가? -사회의 관심에서 소외된 사람들이다. -경제력이 없다. -법에 대한 지식이 없다. -숫자적으로 적어서 법의 보호를 충분히 받지 못한다. ■ 차시 예고 ▷다음 시간에는 인권을 지키기 위한 노력에 대해 공부하도록 하겠습니다.		

※ 평가 계획

성취 기준	구분	성취 수준	평가 방법
인권 보호가 필요한 사람들이 겪는 어려움을 다양한 관점에서 발표할 수 있는가?	잘함	•조사한 내용을 바탕으로 인권의 보호가 필요한 사람들이 겪는 어려움을 다양한 관점에서 발표하였다.	자기 평가 상호 평가
	보통	•조사한 내용을 바탕으로 인권의 보호가 필요한 사람들이 겪는 어려움에 대해 간단하게 발표하였다.	
	노력 요함	•조사한 내용을 바탕으로 인권의 보호가 필요한 사람들이 겪는 어려움에 대해 발표하지 않았다.	

17

협력적 교실 토론의 미래

지난 2015년 5월 4일, 전국 시도교육감협의회(회장 장휘국 광주시 교육감)는 국회의원회관 제1소회의실에서 '어린이 놀이헌장' 선포식을 개최했습니다. 지난 2015년 1월, 민병희 강원도교육감이 신년사에서 처음 제안한 '어린이 놀이헌장'은 가정, 학교, 지역사회가 어린이의 놀 권리를 존중하고 놀 터와 놀 시간을 제공해야 한다는 내용을 바탕으로 하고 있습니다. 민병희 강원도교육감의 구상에 전국 시도교육감이 만장일치로 합의해 공동 추진한 결과물인 것입니다.

어린이 놀이헌장은 지난 2015년 4월 25일에 전국의 초등학생 200여 명이 참여하여 진행된 '어린이 놀이헌장 원탁회의' 결과를 토대로 하고 있습니다. 주최 측은 '이날 원탁회의에서 어린이들의 공감도가 높은 내용을 기반으로 헌장이 작성되었고, 인터넷을 통해 어린이들의 초안 검토 의견 수렴 과정을 거쳐 완성했다.'고 밝혔습니다. 그리고 지난 5월 4일의 어린이 놀이헌장 선포식은 놀이헌장 제정의 필요성과 어린이들의 놀 권리에 대한 사회적 인식을 확산하기 위해 마련되었습니다. 어린이가 놀이의 주인임을 인정하는 교육공동체 모두의 약속을 선포하는 자리였던 겁니다. 이 자리에서 30여 명의 어린이 대표는 '어린이 놀 권리 선언'을 발표했습니다. '어린이 놀이헌장'을 마련하기 위해 토론을 벌였고, 발표까지 어린이 대표가 한 보기 드문 어린이 행사였습니다.

　사실 어린이들의 '놀 권리'는 새로운 것이 아닙니다. 국제연합(UN) 총회에서 1959년 10월 20일 채택한 '세계아동인권선언'과 1989년 11월 20일 채택한 '아동권리협약'(통칭 'UN아동권리협약')은 아동 인권에 관한 내용을 잘 담고 있습니다. 아동권리협약 제31조의 ①은 '당사국은 휴식과 여가를 즐기고, 자신의 연령에 적합한 놀이와 오락 활동에 참여하며 문화생활과 예술에 자유롭게 참여할 수 있는 권리를 인정한다.'고 명기하고 있습니다. 우리나라는 1991년에 이 협약을 비준합니다. 아시다시피 우리 헌법 제6조 ①은 "헌법에 의하여 체결·공포된 조약과 일반적으로 승인된 국제법규는 국내법과 같은 효력을 가진다."고 선언했습니다. 즉, 아동권리협약은 헌법에 따라 국내법과 동일한 효력을 갖습니다. 그런데 우리나라 정부와 학교는, 부모는 어린이의 '놀 권리'를 보장하기 위해 노력했을까요?

　문제는 '우리는 놀 권리가 없어요.', '놀 권리를 보장해 주세요.'라고 어린이가 제기할 수 있느냐는 겁니다. 아마도 상당수의 부모님이

나 선생님은 이런 어린이의 목소리를 외면할 겁니다. 다행히 이 목소리에 주목하는 부모님이나 선생님은 미안해하면서도 어떻게 할지 모를 거라 생각합니다. 다행히 강릉에서는 어린이 놀이헌장에 관해 초등학생이 토론을 하는 자리가 마련되었습니다. 몇몇 선생님은 초등학생들의 생생한 목소리를 들을 수 있었습니다. 어린이 놀이헌장 선포를 맞아 강원도강릉교육지원청에서 토론회를 기획하며 사전 연수를 요청했기 때문입니다.

지난 2015년 7월, 약 30여 명의 학생과 여섯 분의 초등교사가 '어린이 놀이문화 토론 연수'에 참여했습니다. 이날 토론 연수는 번개 토론, 한 줄 글쓰기, 빈 칸 채우기, 가치수직선 토론, 모서리 토론, 원탁 토론 순서로 2시간 30분에 걸쳐 이뤄졌습니다. '놀이 하면 떠오르는 단어'를 묻는 번개 토론을 접한 학생들은 다소 어리둥절한 표정이었습니다. 아마도 학교에서, 교실에서 그런 상황을 자주 접하지 못했기 때문이었을 겁니다. '아니, 이런 것도 토론이야?'라고 의문을 품는 분위기였습니다. 토론이라고 하면 '화끈하게 찬성, 반대로 나뉘어 말로 배틀을 하는 것'이라 여기는 학생들에게는 너무 말랑말랑한 순간이었습니다. '놀이'라는 주제로 한 줄 글쓰기를 할 때에는 상당히 유연한 생각을 하기 시작했습니다. 가치수직선 토론을 통해 ▶하루 중 노는 시간은 얼마인지 ▶학원, 학습지, 과외는 몇 개나 하는지 ▶노는 시간이 부족하다고 여기는지 등을 다뤘습니다. 모서리 토론으로 어린이의 '놀 권리'를 가로막는 이는 누구라고 생각하는지 어린이의 생각과 의견을 들어 보았습니다. 이날 토론 연수에 참여한 강릉지역 초등학생들은 학부모가 '놀 권리'를 가장 많이

▲ 놀이를 주제로 이뤄진 강릉 '어린이 놀이문화 토론 연수'의 한 장면. 여러 가지 협력적 토론을 바탕으로 원탁 토론까지 이뤄졌다. 강원도강릉교육지원청은 이날 토론 연수를 거쳐 2015년 10월에 '강릉 어린이 행복을 말하다'라는 토론회를 개최했다.

▼ '강원 행복상상 토론캠프'에서 이뤄진 협력적 토론의 한 장면. 강원도 곳곳에서 참가한 학생들이 즐겁게 토론에 참여하고 있다.

제약한다고 생각했습니다. 그리고 그 다음이 사교육, 학교, 자기 자신 순이었습니다. 부모이자 선생님인 여섯 분의 강릉 지역 선생님, 그리고 토론 연수 진행자인 교사는 그 목소리를 경청했습니다. 연수 장소 뒤편에 앉아 자녀를 기다리던 한 학부모는 "예상하지 못한 좋은 이야기가 너무 많다."며 "다른 학부모님도 이 목소리를 들어야 좋을 것 같다."고 소감을 말씀하셨던 것이 기억납니다.

  강릉 어린이 놀이문화 토론 연수가 끝나고 연수에 참여했던 학생들은 크게 두 가지 이야기를 했습니다. 첫 번째 이야기는 '우리들이 이야기를 할 수 있어서 토론이 너무 재미있다.'는 것이었습니다. 두 번째 이야기는 '토론이 그렇게 어렵지 않은 것이었구나.'였습니다. 자신이 주인공으로 듣고 말하는 자리는 몰입이 잘됩니다. 공감하고 박수 치며 좋은 분위기로 토론을 하니 기분도 상쾌합니다. 우리는 학생들에게 "토론이란 일정한 형식과 틀 안에서 수다를 떠는 것"이라고 말합니다. 토론에 대한 사람들의 거부감을 걷어 내고, '엘리트에 의한 토론'이 아니라 '일상의 토론'으로 거듭나게 하기 위해서는 그런 자세가 필요합니다.

  그러나 한편으로는 제한된 횟수, 제한된 시간 동안 이야기하는 것에 불만을 토로하는 학생도 있었습니다. 보다 많은 이야기를 할 수 있는 능력이 있는 이른바 '똑똑한 학생'도 다른 학생과 같은 횟수와 시간 동안 말해야 한다는 원탁 토론의 원칙이 갑갑했던 것 같습니다. 그 학생은 전교 학생회장이고, 도 단위 과학탐구토론대회에서도 입상한 경험이 있었습니다. 회의나 토론에서 항상 주도권을 쥐고 있던 그 학생은 원탁 토론 방식이 불공정하다고 여겼습니다. 토론 연수 안내자는 '다른 토론은 재미있었는데 원탁 토론은 재미가 없다.'며 발언 기회를 더 달라던 그 학생을 보면서 "다른 사람과 똑같은 횟수와 시간 내에 자신의 의견을 논리적이고 설득력 있게 전달하는 것이 원탁 토론의 핵심이다."라며 달랬습니다. 우리는 그 학생이 귀를 더 열고 말하고 싶은 욕망을 조금 더 누르면 참 훌륭한 토론자로 성장할 수 있으리라 생각합니다. 그리고 그것이 바로 교실 토론에 주는 시사점이라 여깁니다.

현재의 교육과정은 초등학교 3, 4학년, 그리고 5학년 1학기까지는 토의를 접하고 그 이후에는 토의와 토론을 함께 경험하도록 구성되어 있습니다. 교육과정이 개정되더라도 이 흐름은 크게 변하지 않을 겁니다. 협력적인 토론을 경험하고, 이러한 문화를 토대로 찬반대립 토론을 배우는 것은 자연스럽습니다. 이 책에서 주로 다루는 '협력적 교실 토론'만이 토론의 절대선은 아닙니다. 찬반대립 토론이 필요한 경우가 있고, 교육적으로 활용할 부분도 있습니다. 특히 현실에서 쟁점이 크게 부딪힐 때는 찬반대립 토론 방법으로 토론을 해 볼 필요가 있습니다. 찬성과 반대를 번갈아 경험하면서 양측의 주장과 근거를 이해할 수 있기 때문입니다.

그러나 우리는 교육계가 '협력적 교실 토론'에 보다 집중하자는 제안을 합니다. 그동안 우리 교육계는 찬반대립 토론, 그것도 주로 토론 대회에 집중해 왔습니다. 실제로 많은 지역에서는 토론을 하나의 고급상품처럼 생각하며 수많은 토론 대회를 만들고 있습니다. 물론 토론 교육 초기에는 토론에 대한 관심을 끌기 위해 토론 대회를 개최할 수도 있습니다. 누군가는 이런 대회를 통해 토론에 몰입

할 수도 있을 겁니다. 그러나 최소한 '교육'적 측면에서 토론 대회가 부작용이 크다는 것도 인정해야 합니다. 토론 대회에 참여한 학생들 중에 승패에 집착하는 경우를 적지 않게 봤습니다. 승패 판정에서 지면 화를 내고 돌아가 버리는 많은 학생들을 보며 '과연 이런 토론 대회를 계속해야 할까?'라는 생각을 해 봅니다.* '우리가 보다 힘을 모아야 할 것은 대회가 아니라, 교실 속에서의 토론 교육이 아닐까'라는 생각이 떠나지 않습니다.

사실 '협력적 교실 토론'의 미래는 굉장히 밝은 편입니다. 지구에서 민주주의가 붕괴되지 않는 한, 한국에서 민주주의가 절망하지 않는 한 '협력적 교실 토론'은 확산될 것입니다. 1990년 이후 월드카페, 오픈스페이스테크놀러지 등 여러 가지 집단 토론 방법이 등장했습니다. 이러한 노력을 통해 더 많은 사람들이 협력적인 토론에 참여할 수 있게 되었습니다. 또한 가르침 중심에서 배움 중심으로 교육철학이 변화하는 것도 '협력적 교실 토론'에는 청신호입니다. 누군가는 이미 알아서 실천하고 있고, 또 일부는 교실 토론의 원리나 방법을 잘 몰랐어도 실천하고 있었습니다. 상당수의 선생님은 아직 '협력적 교실 토론'을 접하지 못했거나 거부할 수도 있습니다. 협동학습이 절대적인 진리가 아니듯, '배움의 공동체'가 유일한 교육

---

* 얼마 전, 저자 일동은 토론 대회에서 결승진출에 실패했다고 "상장은 학교로 보내 주세요."라며 화가 난 채로 집으로 그냥 돌아서는 학생들을 만났다. 며칠 전 열린 모 전국학생토론대회에서 우승도 한 학생들이 이런 태도를 보여 당황스러웠다. 우리는 "이런 행동은 토론을 하는 학생으로서 할 모습이 아니다."라며 "폐회식까지 얼마 남지 않았는데, 결승전을 보며 폐회식까지 참여하는 것이 맞지 않냐."고 학생들을 타일렀다. 한참을 씩씩거리던 한 학생을 다른 학생들이 설득하여 결국 폐회식까지 참여했다.

철학이 아니듯, '협력적 교실 토론'도 무조건적으로 좋은 것은 아닙니다. 그러나 필요한 시기에, 필요한 학생에게, 필요한 공간에서 이뤄진다면 굉장히 유익한 방법이라 생각합니다. 한편으로, '협력적 교실 토론'을 필요로 하는 사람들과 필요한 시기, 필요로 하는 공간이 계속 확산되고 있다는 것은 분명해 보입니다.

'협력적 교실 토론'은 토론이 일부 엘리트의 전유물이 아니고, 민주주의 사회를 살아가는 모든 사람이 나누고 경험해야 할 것이라는 인식에서 출발합니다. 교실과 학교 역시 마찬가지의 공간입니다. 우리는 토론의 주요 영역인 토의, 토론, 회의가 조화롭게 이뤄지는 교실과 학교를 꿈꿉니다. 토론을 방법으로만 이해하면 토론 수업에 머무르지만, 토론의 원리로 수용하면 교실과 교육을 바꾸는 첫걸음이 됩니다. 우리는 '협력적 교실 토론'으로 수업을 바꾸기를 바랍니다. 더 나아가 이러한 토론 문화가 녹아 있는 민주적인 교실, 민주적인 학교를 만들고 싶습니다. 교실에서 학교로, 학교에서 사회로 '협력적 교실 토론'이 퍼져 나가 우리 사회가 보다 민주적으로 변화하는 데 기여하기를 희망합니다.

토론을 하면 이런 것이 좋다!

　항상 자기 이야기를 잘하는 아이들을 만나고 싶었습니다. 어느 해에는 이야기를 잘하는 아이들을 만나 수업 시간이 풍부해졌지만 그렇지 못한 경우가 더 많았습니다. 교실 토론을 하면 아이들이 자기 이야기를 하도록 도와줄 수 있습니다. 막연히 유명한 선생님들의 교실을 부러워하기만 할 때, 저에게 많은 도움을 준 교실 토론을 많은 선생님들께도 권하고 싶습니다.

　　　　　　　　　　　　　　　　　　　　　— 김대성(태봉초 교사)

　친구들과 함께 토의 토론하여 문제를 해결하는 과정에서 '같이'의 가치를 배우게 되고, 재미있는 공부를 경험하게 됩니다. 교사는, 학생들의 창의력과 성장을 확인하는 보람과 기쁨을 느낄 수 있습니다.

　　　　　　　　　　　　　　　　　　　　　— 김지영(강릉여중 교사)

　토론은 '민주주의의 꽃'이자 가장 적극적인 교육 방법입니다. 주장을 논리적으로 펼치기 위한 자료수집과 근거를 만드는 과정을 통해 자기주도성을 높일 수 있습니다. 또한 협력적 토론을 통해 상대방의 의견을 경청하고, 남을 배려하는 자세를 익힐 수 있습니다. 민주주의를 더욱 꽃피우기 위해서는 학교에서, 가정에서 더 많이 토론을 나누어야 합니다.

— 문수정(평창고 교사)

　우당탕탕 중 1 남학생들의 교실에는 터뜨려 주지 않으면 큰일 날 것 같은 긴장이 있습니다. 아이들의 얼굴에서 벌겋게 달아오른 기쁨이 솟아나고, 입에서는 "어? 벌써 수업이 끝났어?" 하는 립서비스를 받을 수 있는 수업을 만드는 가장 좋은 방법은 토론 수업입니다.

— 박선희(북평중 교사)

　해마다 아이들과 두 권의 책을 읽고 토론을 해 왔습니다. 생기부의 독서 활동란을 메우는 보여 주기식의 책 읽기는 순간적인 감흥은 있을지언정 지속적인 깨달음을 주기는 어렵겠지요. 행간의 뜻을 읽고 저자의 속내를 들여다보는 과정을 거친 후, 나와 다른 생각들과 마주하다 보면 어느 순간 머릿속 깊이 울려 퍼지는 깨달음이 생긴답니다. 토론은 이처럼 긍정적인 방향으로 학생을 바꿉니다.

"선생님! 저 하고 싶은 일이 생겼어요."

　조만간 선생님께 쪼르르 달려와 자기의 꿈을 이야기하는 그 아이를 만날 수 있을 겁니다.

— 박시연(강일여고 교사)

　여기, 어떠한 주제에 대해 쉬지 않고 60~70분을 이야기하는 초등학생들이 있습니다. 이야기하는 과정에서 서로의 의견이 다름을 인정하게 되며, 상대방의 의견을 존중하게 됩니다. 또한 친구들과 이야기하는 과정에서 혼자 공부할 때보다 더 많은 것을 배우게 되었다고 이야기 합니다.

"선생님! 선생님과 함께하는 시간은 '그냥 배우는 공부'가 아니라 '우리가 하는 거'라 재미있어요."

동그란 눈을 반짝이며 말하는 5학년 여자아이를 보면서 토론 수업의 맛을 느끼고 있습니다. ― **박은주(동춘천초 교사)**

토론을 하면 수동적인 학생들도 능동적으로 활동하면서 자주적인 문제 해결 능력을 키울 수 있습니다. 논리적인 사고력, 글쓰기, 말하기 능력은 물론 자기 주도적 학습 능력이 향상됩니다. 무엇보다 교사는 학생들을 보다 많이 이해하고, 학생들과 소통할 수 있게 됩니다. ― **송연희(영서고 교사)**

우리는 토론을 통해 더욱 넓고 깊은 통찰력을 발휘합니다. 토론은 우리가 더 넓은 세상을 만나는 방법입니다. 토론은 한 걸음 가까이, 때론 한 걸음 떨어져서 프레임을 보게 해줍니다. 그중에서도 협력적 토론은 집단 지성이 빛나는 시간이라 생각합니다. 토론이야말로 다양한 의견이 만나 새로운 의견을 만들고, 새로운 지식을 창조하는 진통입니다. ― **이용준(횡성중 교사)**

어른들이 흔히 이야기하는 착하고 예쁜 아이가 과연 행복할까? 라는 물음표를 가지게 된 시점이 있었습니다. 자신의 목소리를 낼 수 있는 토론을 만나면서 아이들이 즐거워하는 것을 발견하였습니다. 혹자들은 우리나라의 문화가 순종하는 문화이기에 토론은 한계가 있다고도 합니다. 하지만 저는 우리 아이들을 믿습니다. 문화는 우리가 만들어 갈 수 있다는 것을요. 서로가 소통하며 자신의 목소리를 당당하게 낼 수 있는 우리나라의 문화. 토론 교육으로 만들어 갈 수 있습니다.

— 이은주(북평초 교사)

토론은 쟁점을 수렴하여 합의를 이끌어 내는 능력, 하나의 사건을 여러 각도에서 바라보는 능력을 키우는 데 도움이 됩니다. 기존의 토론 교육이 다양한 관점을 드러내는 데 관심이 많았다면, 협력적 토론은 쟁점을 수렴하여 합의를 이끌어 내는 것에 더 관심을 갖고 있습니다. 충분한 토론을 거치려면 처음에는 시간이 많이 필요합니다. 그러나 그 뒤에는 속력이 빨라져요. 처음에는 느린 것 같지만, 결국에는 사회적 비용을 적게 쓰면서도 더 빨리 갈 수 있습니다. 더욱 민주적으로, 더욱 많은 사람들이 참여하여, 더욱 평화롭게, 그리고 빠르게.　　　— **최고봉(오안초 교사)**

세상은 다양한 가치가 넘실대고 충돌하는 시대를 맞이하고 있습니다. 다름을 말로 표현하고 조율하는 능력은 우리 사회를 좀 더 건강하게 만들 수 있습니다. 슬기로운 세상을 위해 서로의 생각을 나누고 함께 공유하는 토론이 널리 퍼져 나가길 바라는 마음입니다.

— **황석범(북평고 교사)**

| 참고 자료 |

강치원. 『토론의 힘』. 느낌이있는책. (2013)
김대권 외. 『바로 지금 협동학습』. 즐거운학교. (2013)
김현섭. 『수업을 바꾸다』. 한국협동학습센터. (2013)
김혜숙 외. 『생각을 키우는 토론 수업 레시피』. 교육과학사. (2011)
박인기 외. 『토론 교육 무엇을 어떻게 가르칠 것인가』. 한우리북스. (2014)
유동걸. 『토론의 전사2』. 해냄에듀. (2014)
여희숙. 『토론하는 교실』. 파란자전거. (2009)
이상우. 『협동학습으로 토의·토론 달인 되기』. 시그마프레스. (2011)
이영근. 『와글와글 토론 교실』. 우리교육. (2015)
정문성. 『토의·토론 수업방법 56』. 교육과학사. (2013)
황연성. 『공부가 새로워지는 토론학습 1교시』. 이비락. (2013)

이야기가 꽃피는 교실 토론

2015년 11월 28일 초판 1쇄 펴냄
2020년 6월 15일 초판 4쇄 펴냄

© 강원토론교육연구회, 2015

글쓴이 | 강원토론교육연구회
펴낸곳 | 도서출판 단비
펴낸이 | 김준연
편집 | 최유정
등록 | 2003년 3월 24일(제2012-000149호)
주소 | 경기 고양시 일산서구 일중로 30, 505동 404호(일산동, 산들마을)
전화 | 02-322-0268
팩스 | 02-322-0271
전자우편 | rainwelcome@hanmail.net

ISBN 979-11-85099-74-3 03370

국립중앙도서관 출판시도서목록(CIP)

이야기가 꽃피는 교실 토론
글쓴이 : 강원토론교육연구회. ─ 고양 : 단비, 2015
    p. ;   cm

ISBN 979-11-85099-74-3 03370 : ₩15000

토론[討論]
수업 방법[授業方法]

373.23-KDC6
371.37-DDC23   CIP2015031450